PEDRO PÁRAMO
EN 1954

Juan Rulfo y su hijo Juan Francisco en el acceso del edificio de Tigris 84: a sus espaldas, el muro del departamento 1, donde escribió la mayor parte de su obra literaria. *Pedro Páramo* fue redactada de septiembre de 1953 a septiembre de 1954, al final de su estancia en este domicilio. Fotografía de Ricardo Salazar, 1954.

PEDRO PÁRAMO

EN

1954

JUAN RULFO

UNIVERSIDAD NACIONAL AUTÓNOMA DE MÉXICO

FUNDACIÓN JUAN RULFO

EDITORIAL RM

MÉXICO MMXIV

—Vine a Comala porque me dijeron que acá vivía mi padre, un tal Pedro Páramo. Mi madre me lo dijo. Y yo le prometí que vendría a verlo en cuanto ella muriera. Apreté sus manos en señal de que lo haría; pues ella estaba por morirse y yo en un plan de prometerle todo. "No dejes de ir a visitarlo —me recomendó—. Se llama de este modo y de este otro. Estoy segura de que le dará gusto conocerte". Entonces no pude hacer otra cosa sino decirle que así lo haría, y de tanto decírselo se lo seguí diciendo aún después que a mis manos les costó trabajo zafarse de sus manos muertas.

Todavía antes me había dicho: —No vayas a pedirle nada. Exígele lo nuestro. Lo que estuvo obligado a darme y nunca me dió...El olvido en que nos tuvo, mi hijo, cóbraselo caro.

—Así lo haré, madre.

Pero no pensé cumplir mi promesa. Hasta que ahora pronto comencé a llenarme de sueños, a darle vuelo a las ilusiones. Y de este modo se me fué formando un mundo alrededor de la esperanza que era aquel señor llamado Pedro Páramo, el marido de mi madre.

Por eso vine a Comala.

Era ese tiempo de la canícula, cuando el aire de agosto sopla caliente envenenado por el olor podrido de la saponarias.

tiva naturalista y realista latinoamericana, que suele terminar mal para la comunidad, pero que es, ante todo, constante, frontal.

Otra señal de que Rulfo no buscaba prolongar esa tradición literaria puede apreciarse al confrontar los fragmentos de *Universidad de México y Dintel* con la novela. En el último párrafo del "Fragmento de la novela Los murmullos", el relato de Dorotea sitúa la causa del declive y desaparición de Comala en las ambiciones contrariadas de Pedro Páramo –en especial, la muerte de Susana San Juan. Concluye diciendo: "Y todo por los zaquizamis de don Pedro, por sus pleitos de alma. Nomás porque se le murió su mujer, la tal Susanita. Ya te has de imaginar si la quería" (p. 7). Al final del fragmento 42 de *Pedro Páramo*, Rulfo sustituyó *zaquizamis* por *ideas*,[4] elección que se aleja, de nueva cuenta, del vocabulario regionalista, omnipresente en textos donde lo importante es destacar el escenario de la acción, no los hechos mismos, ni los personajes, casi siempre emanaciones de aquél.

Ajustes de índole distinta se detectan al cotejar los segmentos publicados en *Dintel* con *Pedro Páramo*. La madre Villa advierte a Bonifacio Páramo: "—Vete pues, antes que se despierte mi hijo. Se le sabe malorear mucho el genio cuando amanece después de una borrachera. Vete volado y no se te olvide decirle a tu mujer que vele por mí desde la Gloria" (p. 13). La resolución del pasaje en la novela borra el énfasis en el personaje aludido y lo sitúa en una preocupación más acuciante, que es la necesidad de intercesión, la cual podría llevar a cabo la esposa de Abundio –apenas fallecida– a favor de quienes viven ya bajo circunstancias imposibles: "—Vete pues, antes que se despierte mi hijo. Se le agria mucho el genio cuando amanece después de una borrachera. Vete volando y no se te olvide darle mi encargo a tu mujer".[5] El paso de participio a gerundio dinamiza el enunciado (*volado-volando*) y la encomienda queda sobreentendida, toda vez que la madre Villa ha sido insistente en pedir seguridades a cambio de permitir a Abundio emborracharse gratis, a costa del negocio familiar.

Las decisiones anteriores perfilan el procedimiento del narrador para delinear ambientes y personajes, e incluso repercutieron en un desplazamiento de perspectiva que le permitió conducir el relato desde el desconcierto inicial hasta la aceptación del tránsito entre inmediatez y recuerdo, capitalizar la ambigüedad de esa alternancia y configurar el efecto de verosimilitud de la convivencia entre vivos y muertos.

El potencial de sentido inherente a *Pedro Páramo*, representado por los rasgos descritos, pone de manifiesto la densidad y riqueza de la vida interior de un artista de la palabra a quien se recrimina desde hace años, alternativamente, el "fatalismo" que impregna su obra toda –si la consigna es abrumarlo con lugares comunes–, o el "ruralismo" propio –según ciertos juicios recientes, afines a la *globalización literaria* y las respectivas coartadas de la pretendida *posmodernidad*– de quienes decidieron, ya hace tiempo, cosificarlo como baluarte de la

[4] Juan Rulfo, *Pedro Páramo*, ed. de José Carlos González Boixo, 25ª ed. revisada y actualizada, Cátedra, Madrid, 2013 (*Letras Hispánicas*, 189), p. 146.

[5] Juan Rulfo, *Pedro Páramo*, ed. citada, fragmento 68, p. 183.

Revolución Mexicana, de la revuelta cristera y, en fin, de su propia bestia negra, un *naciona-lismo* tan inepto como partidarios y adversarios son capaces de caracterizarlo en oposición a la ciudad y sus posibilidades como emblema de esa modernidad narrativa cuyo cosmopolitis-mo es más un asunto de escenarios de fondo que de la universalidad en la que reside la tras-cendencia de la obra literaria.

Con respecto al impacto de *Pedro Páramo* en el ámbito de la literatura, no hay mejor indicio que la admiración inequívoca de Jorge Luis Borges por la novela de Rulfo. La frase con la que cierra su prólogo a la edición del texto en la Biblioteca Personal del escritor argentino bastaría, por sí misma, para zanjar cualquier debate al respecto: *"Pedro Páramo* es una de las mejores novelas de las literaturas de lengua hispánica, y aun de la literatura."[6] *Pedro Páramo* es *el clásico* de la literatura mexicana, una obra reconocida en todo su valor y trascendencia en el mundo de habla española, en la región latinoamericana y en los espacios donde la esté-tica occidental aspira a concretar un cosmopolitismo que trascienda las etiquetas más previ-sibles de la industria editorial.

Al conmemorarse el cincuentenario de la aparición de la novela, estas tres primicias de 1954 fueron reunidas en la primera edición del facsímil que el lector tiene en sus manos —*Los murmullos antes de* Pedro Páramo: *tres versiones preliminares y un mecanoscrito*, Instituto Nacional de Bellas Artes, México, 2005 (*Colección Facsimilares INBA*). Esta segunda edición, ampliada y corregida, subsana los errores y limitaciones ocasionados por la premura con que se preparó aquélla y aproximará aún más al interesado en la primera novela de Rulfo a la ex-periencia de lectura de cierto sector del público mexicano de mediados de los cincuenta. No se trata sólo de un objeto digno del aprecio e interés que suscitan obras como la de Rulfo. También es un testimonio palpable (rescatado del elitismo y la soledad ocasional de las heme-rotecas) de la plena conciencia narrativa y el crédito indivisible que su autor merece en tanto único responsable de la estructura del relato.

Acompaña estos fragmentos la reproducción facsimilar de las páginas del mecanoscrito de *Pedro Páramo* que corresponden a los siete fragmentos publicados durante 1954 en las revistas ya mencionadas. Rulfo depositó el mecanoscrito titulado "Los murmullos" en el Centro Mexicano de Escritores al concluir su segundo periodo como becario (1953-1954), mientras que el epónimo sirvió para preparar la edición *princeps*. Ambos muestran un estado muy semejante en lo mecanográfico, incluso en la sustitución de algunas cuartillas, pero Rulfo hizo modificaciones manuscritas de mayor entidad al original de *Pedro Páramo*. El lector cuenta, entonces, con evidencias incontestables que desmienten numerosas e inútiles

---

[6] Jorge Luis Borges, Prólogo a Juan Rulfo, *Pedro Páramo*, Hyspamérica, Buenos Aires, 1985 (*Biblioteca Personal Jorge Luis Borges*, 45), p. 9. Los testimonios de escritores tan disímbolos como José María Arguedas, Jorge Luis Borges, Jean-Marie Gustave Le Clézio, Gabriel García Márquez, Günter Grass, Tahar Ben Jelloun, Kenzaburo Oé, Manuel Rivas, Susan Sontag, Mario Vargas Llosa, Urs Widmer y Gao Xingjian sobre la importancia de la obra de Rulfo pueden consultarse ahora en el libro coordinado por Víctor Jiménez, Julio Moguel y Jorge Zepeda, *Juan Rulfo: otras miradas*, 2ª ed, Juan Pablos-Fundación Juan Rulfo-Secretaría de Educación de Michoacán-Secretaría de Turismo de Michoacán-Ayuntamiento de Morelia, México, 2011.

leyendas pintorescas, originadas por la ignorancia complaciente y la perplejidad, cuando no por extraños deseos de protagonismo de algunos conocidos sofistas. Y, sobre todo, puede hacer de su admiración por *Pedro Páramo* un entusiasmo basado aún más, desde hoy, en el conocimiento parcial pero oportuno de la experiencia de Rulfo ante la creación literaria.

En el Apéndice al volumen, el lector hallará el estudio "*Pedro Páramo* en 1954", de Víctor Jiménez, que amplía y actualiza su artículo "Algunas leyendas de principio a fin", publicado en versión electrónica en octubre de 2001.[7] El director de la Fundación Juan Rulfo pasa revista a los numerosos indicios en contra de las diversas versiones en torno a la escritura de *Pedro Páramo* y las respectivas inconsistencias de cada una de ellas. Desde luego, el interés principal está en los testimonios proporcionados por las publicaciones periódicas y el mecanoscrito de *Pedro Páramo*. Para el especialista, sin embargo, el análisis de los fragmentos pertenecientes a *Las Letras Patrias, Universidad de México y Dintel*, así como el aporte de Jiménez a la interrelación de crítica textual e historia del texto en este caso particular serán de suma relevancia. Como era de esperar en una ocasión como ésta, Jiménez no interfiere con la parte documental del libro; antes bien la aprovecha, comenta y esclarece su interrelación con el campo literario mexicano durante más de medio siglo. Será ése, a todas luces, un ejercicio provechoso, cualesquiera que sean la ruta y profundidad de la lectura emprendida al concluir los párrafos precedentes.

---

[7] El texto está disponible en la sección "A Fondo" de la página electrónica oficial de Juan Rulfo en ClubCultura: <www.juan-rulfo.com>.

aquella confusión, el irse diluyendo como en agua espesa, y el girar de luces; la luz entera del día que se desbarataba haciéndose añicos; y ese sabor a sangre en la lengua. El "Yo pecador" se oía más fuerte, repetido, y después terminaban: "**por** los siglos de lo siglos, amén", "por los siglos de los siglos, amén", "por los **siglos**...."

— Ya calla —dijo—. ¿Cuánto hace que no te confiesas?

— Dos días, padre.

Allí estaba otra vez. Como si lo rodeara la desventura. ¿Qué haces aquí? —pensó—. Descansa. Vete a descansar. Estás muy cansado.

Se levantó del confesionario y se fué derecho a la sacristía. Sin volver la cabeza dijo a aquella gente que lo estaba esperando: "Todos los que se sienten sin pecado, pueden comulgar mañana".

Detrás de él, sólo se oyó un murmullo.

"Estoy acostada en la misma cama donde murió mi madre hace ya muchos años; sobre el mismo colchón; bajo la misma cobija de lana negra con la cual nos envolvíamos las dos para dormir. Entonces yo dormía a su lado, en un lugarcito que ella me hacía debajo de sus brazos.

Creo sentir todavía el golpe pausado de su respiración; las palpitaciones y suspiros conque ella arrullaba mi sueño.... Creo sentir la pena de su muerte.

Pero esto es falso.

DE TUXCACUESCO A COMALA

*LOS NOMBRES EN EL CAMINO A LA CREACIÓN
DE UN LENGUAJE PROPIO*

— ALBERTO VITAL —

M uy pocas veces tenemos la oportunidad de asistir al taller de Juan Rulfo. He aquí una de ellas. Estamos, en estas páginas, ante una fase de transición final y consolidación definitiva de la escritura de nuestro autor precisamente en uno de los años más creativos de su vida, el de 1954. Ahora que se cumplen seis decenios de esas horas, conviene hacer un repaso mediante un hilo conductor sugerente y original: la toponimia literaria.

El pueblito jalisciense de Tuxcacuesco se encuentra a poco más de diez kilómetros de San Gabriel y a otros tantos de Apulco y se ubica a unos treinta, cuando mucho, de Comala. Una diferencia consiste en que para llegar a Comala desde Tuxcacuesco, San Gabriel y Apulco hay que subir y bajar las faldas orientales y luego occidentales de los altos cerros de uno de los brazos de la Sierra Madre Occidental, incluidos aquellos dos colosos, el Volcán de Fuego o de Colima y el Nevado de Colima, que en días claros el futuro escritor y fotógrafo podía ver desde la casa de la infancia en San Gabriel. Ahora bien, aunque los textos que ahora se publican documentan de modo incontrovertible la desaparición de este nombre como un paso fundamental hacia la obra maestra tal y como la conocemos desde un año después, 1955, aun así persistió una vinculación geográfica de Tuxcacuesco con la literatura del mismo Rulfo: este pueblo se ubica más en el Llano Grande que los otros aquí mencionados. En otras palabras, el nombre indica que todavía hay una vinculación con los cuentos publicados en la primera edición de *El Llano en llamas*, la de septiembre de 1953, e incluso con uno posterior, "El día del derrumbe", aparecido en *México en la Cultura* (número 334, 14 de agosto de 1955) y que sólo será recogido en la edición de 1970, todavía revisada por Rulfo: los dos personajes que conversan sobre el terremoto dudan del día y el lugar en que ocurrió la sacudida: ¿el dieciocho o el veintiuno de septiembre? ¿La iglesia que se cayó estaba en Tuxcacuesco o en El Pochote?

En resumen, el nombre de Tuxcacuesco desaparece de la novela, luego de su breve aparición en *Las Letras Patrias* (marzo de 1954), tal y como queda testimoniado en el presente libro, y reaparece en el último cuento aparentemente escrito por Rulfo para la edición definitiva de *El Llano en llamas* (*México en la Cultura*, agosto de 1955), esto es, un año y medio más tarde. Pero la decisión de cambiarlo de ubicación literaria dentro del corpus rulfiano ocurrió antes de esta fecha: en junio de 1954 uno de los dos fragmentos de la novela publicados en la revista *Universidad de México* permite verificar que Tuxcacuesco (el pueblo que más se parece, físicamente, a la descripción que se hace de Comala en la novela) ya se volcó, literariamente, al ámbito de los cuentos. Dorotea dice a Juan Preciado: "Recuerdo veces en que Comala se llenó de 'adioses' y hasta nos parecía cosa alegre salir a despedir a los que se iban." Tan definitivo es el abandono de Tuxcacuesco (y por ende del Llano) en la novela que los tres últimos fragmentos, publicados en la revista *Dintel* en septiembre de 1954, aparecieron con el título común de "Comala".

Y –como bien sabemos– la geografía de *Pedro Páramo* tiene un crucial ámbito de acción en el estado de Colima: aparte de la irrupción e instauración definitiva de Comala (colimense por el nombre, jalisciense por el parecido físico con Tuxcacuesco), la capital homónima tiene su papel en la obra porque allí vivió Dolores con Juan Preciado una vez que Pedro Páramo se deshizo de ella. Hay entonces, entre la novela y "El día del derrumbe", una separación "geográfica" que el escritor sintió necesaria, siempre que entendamos esta geografía como una de carácter literario, no fáctico.

También sabemos que el arte, como la vida, se va definiendo y configurando por las decisiones que tomamos. Las páginas de este pequeño volumen poseen el valor intransferible de preservar algunas trazas de las resoluciones que fue asumiendo el autor en el camino a la obra maestra.

La más importante, junto con el cambio de "Los murmullos" a *Pedro Páramo*, consiste precisamente en la decisión de abolir el nombre de Tuxcacuesco (en otra época Tuxcacuexco, como prefirió escribirlo Rulfo en *Las Letras Patrias*) y colocar en su sitio el de Comala.

Si viajamos a Tuxcacuesco, debemos hacer el último tramo en forma de espiral descendente hasta llegar a una hondonada con una placita, un templo modestísimo y unas cuantas casas. El calor, en efecto, produce una cierta sensación de enrarecimiento del aire, tal vez provocada por el recuerdo del segundo fragmento de la novela, donde Juan Preciado desciende a Comala junto con Abundio Martínez, más que por la realidad concreta. Calor, en todo caso, sí hace, y la canícula aumenta la gravedad, el aislamiento, el agobio de la pesadez en todo cuerpo que deba separarse de la sombra de los techos, los tejavanes, las cornisas y cruzar la placita "de punta a cabo."

Rulfo conservó de Tuxcacuesco sensaciones relativas al descenso, a la soledad, al calor que de tan fuerte parece puro, esto es, absoluto, esto es, sin aire. Podría haber insistido en ese nombre. La decisión de transitar verbalmente de Tuxcacuesco a Comala representa un ejemplo notable de aquello que ha estudiado Françoise Perus con respecto al centenario proceso de producción y apropiación de una lengua literaria en la literatura latinoamericana: simbólicamente, imaginariamente, Rulfo remontó y bajó las dos moles volcánicas para ir del realismo familiar, casero, un tanto autobiográfico y localista, a un universo que ya no dependía ni del geógrafo ni del estudioso del folclore ni mucho menos del cronista y reportero y que buscaba –y conseguía– crear una realidad propia, parecida, sí, a la fáctica, a la exterior, pero autónoma en su fuerza y en su perdurable impacto sobre los lectores.

Sesenta años después de aquellos días en que el autor viajó verbalmente de Tuxcacuesco a Comala, dos pulsiones combaten en las letras: la de la escritura referencial concreta frente a la escritura imaginativa. Esta lucha no es nueva. De hecho, es muy antigua. Nunca se debe tener una respuesta previa, prejuiciosa, con respecto a cómo decidirse entre estos dos poderosos imanes: *El Quijote* se hizo factible cuando su autor le puso bridas a una imaginación desbocada, las de las novelas de caballería tan del gusto colectivo; los cuentos de Jorge Luis Borges se hicieron factibles cuando su autor desmontó la arrogancia del realismo descriptivo de sus paisanos y contemporáneos, hundidos en la zona de confort de una escritura francamente decimonónica ya en pleno siglo xx.

El tránsito de Tuxcacuesco a Comala también sugiere la decisión de Juan Rulfo de nunca descender ni a la literatura anecdótica ni a la biografía novelada. El autor guardó silencio durante muchos años y tuvo una relación distante con todo su corpus, en especial con *El gallo de oro*, al grado de perder de vista durante años el único original mecanográfico de esta pieza que incide, como ningún otro texto mexicano, en los resortes de una mentalidad festiva, apostadora, inmediata, fulminante, extrema, mentalidad enamorada del instante, mentalidad, en fin, que es una de las capas más profundas de la psique del país. Por eso mismo, el presente libro tiene el incalculable valor de recuperar y poner a disposición de todos los lectores, y por supuesto no sólo de los especialistas, y mucho menos sólo de los críticos genéticos, los documentos que testifican el tránsito hacia un lenguaje propio, tránsito que paradójicamente implicó el apartamiento, la reformulación y la reubicación literaria de lo más cercano en la vida de cada día (Tuxcacuesco) y la apropiación de una entidad más lejana en términos de geografía fáctica, pero más afín en términos de geografía simbólica y de sonoridad (Comala).

Al leer a Rulfo uno piensa que tal vez la respuesta al dilema entre la literatura fuertemente referencial y la literatura fuertemente imaginativa no es otra que una síntesis entre ambas. Comala es tanto referencial como imaginativa, mientras que Tuxcacuesco era sobre todo referencial.

Y aquí también, sí, se trata de sonoridad: sonidos y voces. Los sonidos y las sílabas de Tuxcacuesco sintetizan ese sustrato indígena que Rulfo manejó siempre con cuidado, sin renunciar jamás a él, pero sin ponerlo necesariamente en primer plano, por ejemplo en ese primer plano que significa el inicio de todo texto. Tuxcacuesco podría haber sonado, sobre todo allí, en el primer renglón, a color local, a reflejo. Comala no sólo se enlaza con comal: se enlaza con el mundo arquetípico del calor eterno, del otro territorio, del doble dominio en el que probablemente no sólo se cuece el gran arte, sino la condición humana más profunda.

Y se trata, simultáneamente, de grafías, de palabras escritas. Los garabatos, los signos visibles, son igualmente decisivos. Con su escritura clara y aprehensible, Comala abrió el camino a una lectura más amplia de *Pedro Páramo*.

En resumen, este movimiento desde Tuxcacuesco hasta Comala sintetiza uno de los secretos de Juan Rulfo, cifrado en la onomástica. Otros nombres contribuyeron a la creación de un lenguaje propio para él y para la literatura en nuestro continente; el paso de Maurilio Gutiérrez a Pedro Páramo, el del padre Villalpando al padre Rentería y el de Susana Foster a Susana San Juan denuncian la misma gama de intenciones: hacer del reflejo imagen; del sonido, resonancia; de lo meramente característico, caracterización; de lo ajeno, propio.[1]

El tránsito del fui en "Fui a Tuxcacuexco" al vine en "Vine a Comala" es, después giro de todo, una traza de la definitiva apropiación de un mundo: mientras con ese simple giro genial Juan Preciado tiene que hablar desde un pueblo del que ya nunca podrá salir, Juan Rulfo cierra y sella así un mundo destinado a ser paradigma de la autonomía de la literatura, ya que es un universo que se basta a sí mismo.

En la tradición popular, un músico y un narrador tejen y destejen una historia y la comunican en el foro, en la plaza. Días, meses, años después llegan otro músico y otro narrador y, sobre esa base ya bastante avanzada, le añaden el toque brillantísimo que marca la diferencia. El presente libro confirma que Juan Rulfo fue el primer rapsoda de *Pedro Páramo*. Y el último. El único.

---

[1] Estos nombres se encuentran en vestigios parcialmente rescatados y editados en *Los cuadernos de Juan Rulfo*. Presentación de Clara Aparicio de Rulfo. Transcripción y nota de Yvette Jiménez de Báez. México: ERA, 1994, pp. 52-70. Y véase cómo en *Dintel* Abundio Martínez es todavía Bonifacio Páramo: la pérdida del apellido paterno lo hermanará (otra vez paradójicamente) con su no reconocido ni aceptado (medio) hermano Juan Preciado, quien tampoco ostenta el apellido paterno, a diferencia de Miguel Páramo, hijo fuera del matrimonio. En resumen, gracias a este volumen podemos ir descubriendo matices de todo el potencial o excedente de sentido presente en los nombres de *Pedro Páramo* y de *El Llano en llamas*: ahora sabemos que Rulfo debió darse cuenta en algún momento de que los nombres propios le ayudarían a sugerir (esto es, a decir sin decirlo) que el cacique y encomendero estaba subvirtiendo el orden social inscrito en el orden familiar.

FACSÍMILES

LAS LETRAS PATRIAS

UNIVERSIDAD DE MÉXICO

DINTEL

Las Letras Patrias. Revista trimestral del Departamento de Literatura y Editorial del Instituto Nacional de Bellas Artes. Director: Andrés Henestrosa. Número 1. Enero-marzo de 1954.

LAS

LETRAS

PATRIAS

NUMERO

1

ENERO – MARZO DE 1954

Un
CUENTO[1]

Juan RULFO

Fui a Tuxcacuexco porque me dijeron que allá vivía mi padre, un tal Pedro Páramo. Mi madre me lo dijo. Entonces le prometí que iría a verlo en cuanto ella muriera. Le apreté las manos en señal de que lo haría; pues ella estaba por morirse y yo en un plan de prometerlo todo.—"No dejes de ir a visitarlo, me recomendó. Se llama de este modo y de este otro. Estoy segura de que le dará gusto conocerte". Y yo no pude hacer otra cosa sino decirle que sí iría, y de tanto decírselo se lo seguí diciendo aún después que a mis manos les costó trabajo zafarse de sus manos muertas.

Todavía antes me había dicho: "No vayas a pedirle nada. Exígele lo nuestro. Lo que estuvo obligado a darme y nunca me dió. . . El olvido en que nos tuvo, mi hijo, cóbraselo caro".

—Así lo haré, madre.

Pero no pensé cumplir mi promesa. Hasta que ahora pronto comencé a llenarme de sueños, a darle vuelo a las ilusiones. Y de ese modo se me fue formando un mundo alrededor de la esperanza que era aquel llamado Pedro Páramo, el marido de mi madre.

Por eso fui a Tuxcacuexco.

[1] Fragmento de la novela en preparación, Una Estrella junto a la luna.

Era ese tiempo de la canícula, cuando el aire de agosto sopla caliente envenenado por el olor podrido de los garambuyos.

Las hojas de la saponaria crujen y se desbaratan con el roce del viento. El sol, blanco de luz, quema las sombras escondidas bajo la hierba.

El camino sube o baja según se va o se viene; para el que va, sube, para el que viene, baja.

—¿Cómo dice usted que se llama el pueblo que se ve allá abajo?

—Tuxcacuexco, señor.

—¿Está seguro de que ya es Tuxcacuexco?

—Seguro, señor.

—¿Y por qué se ve esto tan triste?

—Son los tiempos, señor.

—Y volvimos al silencio.

Yo trataba de ver aquello a través de los recuerdos de mi madre; de su nostalgia, entre retazos de suspiros. Siempre vivió ella suspirando por Tuxcacuexco, por el retorno; pero jamás volvió. Ahora yo vengo en su lugar. Traigo los mismos ojos con que ella miró estas cosas, porque me dió sus ojos para ver:

—"Hay allí, pasando la Sierra, desde el puerto de Los Colimotes, una vista muy hermosa de una llanura verde, algo amarilla por el maíz maduro. Desde allí se ve Tuxcacuexco blanqueando la tierra, iluminándola durante la noche''.

Y su voz era secreta, casi apagada, como si hablara consigo misma… Mi madre.

—¿Y a qué va usted a Tuxcacuexco, si se puede saber? oí que me preguntaban.

—Voy a ver a mi padre, contesté.

—¡Ah! dijo él.

Y volvimos al silencio.

Caminábamos cuesta abajo, oyendo el trote rebotado de los burros. Los ojos reventados por el sopor del sueño, en la canícula de agosto.

El sol caía en seco sobre la tierra.

—Bonita fiesta le va a armar, volví a oír la voz del que iba allí a mi lado. Se pondrá contento de ver a alguien después de tantos años que nadie viene por aquí. Luego añadió: Sea usted quien sea, se alegrará de verlo.

En la reverberación del sol, bajo un cielo sin nubes, la llanura parece una laguna transparente deshecha en vapores por donde se trasluce un horizonte gris. Más allá una línea de montañas esfumadas, desvanecidas en la distancia. Y todavía más allá la más remota lejanía.

—¿Y qué trazas tiene su padre, si se puede saber?
—No lo conozco, le dije. Sólo sé que se llama Pedro Páramo.

—¡Ah! vaya.
—Sí, así me dijeron que se llamaba.

Oí otra vez el ¡ah! del arriero.

Me había encontrado con él en Los Encuentros, donde se cruzaban varios caminos. Me estuve allí esperando, hasta que al fin apareció este hombre.

—¿A dónde va usted? le pregunté.
—Voy para abajo, señor.
—¿Conoce un lugar llamado Tuxcacuexco?
—Para allá mismo voy.

Entonces lo seguí. Me figuré que era arriero por los burros que llevaba de vacío, y me fui detrás de él tratando de emparejarme a su paso. Hubo un rato en que pareció darse cuenta de que lo seguía y disminuyó la prisa de su carrera. Me miró con sus ojos entrecerrados como diciendo: ¡pobre hombre! Después los dos íbamos tan pegados que casi nos tocábamos los hombros.

—Yo también soy hijo de Pedro Páramo, me dijo.

Una bandada de cuervos pasó cruzando el cielo vacío, haciendo cuar, cuar, cuar.

Ahora, enseguida de trastumbar los cerros, bajábamos cada vez más. Habíamos dejado el aire caliente allá arriba y nos íbamos hundiendo en el puro calor sin aire. Todo parecía estar quieto como en espera de algo.

—Buen calor hace aquí, dije.
—Sí. Y esto no es nada, me contestó el otro. Cálmese. Ya lo sentirá cuando lleguemos a Tuxcacuexco. Aquello está sobre las brasas de la tierra, en la mera boca del infierno. Con

decirle que muchos de los que allí mueren, regresan por su cobija.

—¿Quién es Pedro Páramo? le pregunté.
Me atreví a hacerlo porque vi en sus ojos una gota de
confianza.

—¿Quién es? volví a preguntar.
—Un rencor vivo, me contestó él.
—Y dió un pajuelazo contra los burros, sin necesidad, ya
que los burros iban mucho más adelante que nosotros, encarre-
rados por la bajada.

Sentí el retrato de mi madre guardado en la bolsa de la
camisa, calentándome el corazón, como si ella también sudara. Era un retrato viejo, carcomido en los bordes; pero fue el
único que conocí de ella. Me lo encontré una vez en el armario de la cocina, metido en una cazuela llena de yerbas: hojas
secas de toronjil, flores de castilla, ramas de ruda. Desde entonces lo guardé. Era el único. Mi madre siempre fue enemiga de retratarse. Decía que los retratos eran cosa de brujería.
Y así parecía ser; porque el suyo estaba lleno de agujeros
como de aguja, y en dirección del corazón tenía uno muy grande en que bien cabía el dedo del corazón.

Es el mismo que traigo aquí, pensando que podría dar buen
resultado para reconocerme con mi padre.

—Mire usted, me dice el arriero deteniéndome: ¿Ve aquella loma que parece vejiga de puerco? Pos detracito de ella
está la Media Luna. Ahora voltié para acá. ¿Ve la ceja de
aquel cerro? Véala. Y ahora voltié para este otro lado. ¿Ve
la otra ceja que casi no se ve de lo lejos que está? Bueno, eso
es la Media Luna de punta a cabo. Como quien dice, toda la
tierra que se puede abarcar con los ojos. Y de él es todo ese
terrenal. Lo chistoso es que nuestras madres nos parieron encima de un petate, aunque éramos hijos de él. Y lo más chistoso
es que él nos llevó a bautizar. Con usted debe haber pasado
lo mismo, no?

—Tal vez. Yo no me acuerdo.
—¡Váyase mucho al diablo!
—¿Qué dice usted?
—Que ya estamos llegando, señor.
—Sí, ya lo veo. ¿Qué pasó por aquí?

JUAN RULFO

—Un correcaminos, señor. Así les dicen a esos pájaros.
—No, yo preguntaba por el pueblo, que se ve tan solo,
como si estuviera abandonado. Parece que no lo habitara nadie.
—No es que lo parezca. Así es. Aquí no vive nadie.
—¿Y Pedro Páramo?
—Pedro Páramo murió hace muchos años.

Universidad de México. Órgano oficial de la U. N. A. M. Director: Jaime García Terrés. Volumen VIII, número 10, junio de 1954.

VOLUMEN VIII · NUMERO 10

MEXICO, JUNIO DE 1954

EJEMPLAR: $1.00

ORGANO OFICIAL DE LA U. N. A. M. • MIEMBRO DE LA ASOCIACION INTERNACIONAL DE UNIVERSIDADES

UNIVERSIDAD de México

EL MUNDO DE XAVIER VILLAURRUTIA

Por Tomás SEGOVIA

L A muerte de un poeta siempre me ha parecido más inquietante que las demás. Cuando un poeta ha muerto, la curva de su obra y de su vida se nos presenta, por fin, tan nítida y tan cumplida, que casi nos parece que lo habíamos deseado. Y es que es siempre inquietante esa vida propia que adquiere una obra cuando muere su autor, esa vida cuya creciente realidad parece una especie de venganza.

Ahora, muerto Xavier Villaurrutia, el Fondo de Cultura Económica nos presenta su poesía y su teatro, que vemos por primera vez articularse, organizarse como un cuerpo vivo que se prepara a una larga existencia independiente.

Nada o casi nada podría decirse respecto del lugar de Villaurrutia en la literatura de habla española, después del prólogo de Alí Chumacero, que tanto conocimiento revela de la obra de este escritor y de su marco cultural. Nos limitaremos a hacer algunos comentarios sobre su perspectiva, su visión del mundo, puesto que tal vez lo más esencial, lo más característico de una obra de arte, más que los temas, más que los principios, más que los tratamientos —o por debajo de todo esto—, es la particular, "inefable" perspectiva que revela sobre la realidad. Y cuando una obra de arte tiene el acento de la de Villaurrutia, cuando esa perspectiva es tan auténtica y tan imborrable, que deja ya para siempre huella, aunque no lo queramos o sepamos, en la nuestra; cuando nos obliga ya para siempre a contar inconscientemente con

ella, entonces tenemos la seguridad de encontrarnos ante una obra de verdadera poesía.

Es curioso ver cómo en los *Primeros poemas* el poeta está como distraído, como no sospechando todavía cuál va a ser el verdadero timbre de su voz, ese que pronto todos podrían reconocer. Pero al lector que tiene la perspectiva de la obra acabada le es fácil, claro, rastrear los gérmenes de lo que luego va a ser su poesía, como por ejemplo ese poema en que la "bondad de la vida" le parece consistir en:

La calle, lo imprevisto

Tres generaciones de poetas: Villaurrutia, Paz y González Durán

1 Xavier Villaurrutia, *Poesía y teatro completos.* Prólogo de Alí Chumacero. Letras Mexicanas, vol. 13. México, 1953. 340 pp.

FRAGMENTO DE LA NOVELA

LOS MURMULLOS

Por Juan RULFO

E STOY acostada en la misma cama donde murió mi madre hace cuarenta y tres años; sobre el mismo colchón; bajo la misma cobija de lana negra con la cual nos tapábamos las dos para dormir. Entonces yo dormía a su lado, en un lugarcito que ella me hacía debajo de sus brazos.

Creo sentir todavía el golpe pausado de su respiración; las palpitaciones y suspiros con que ella arrullaba mi sueño... Creo sentir la pena de su muerte...

Pero esto es falso.

Estoy aquí, boca arriba, pensando en aquel tiempo. Tratando de hacerlo para olvidar mi soledad. Porque no estoy acostada sólo por un rato. Y no en la cama de mi madre, sino dentro de un cajón negro como el que se usa para enterrar a los muertos. Porque estoy muerta.

Siento el lugar en que estoy y pienso.

Pienso cuando maduraban los limones. En el viento de febrero que rompía los tallos de los helechos, cubiertos de retoños, antes que el abandono los secara; los limones maduros que llenaban con su olor ácido el viejo patio.

El viento bajaba de las montañas en las mañanas de febrero. Y las nubes se quedaban allá arriba, detenidas, esperando el tiempo bueno de bajar al valle; mientras tanto dejaban vacío el cielo azul, dejaban que la luz cayera en el juego del viento haciendo círculos sobre la tierra, renoviendo el polvo y batiendo las ramas del viejo naranjo.

Y los gorriones reían; picoteaban las hojas que el aire hacía caer y reían; dejaban entre las espinas de las azaleas sus plumas y perseguían a las mariposas rompiéndoles las alas. Era esa época.

En febrero, cuando las mañanas estaban llenas de viento, de gorriones y de luz azul. Me acuerdo.

Mi madre murió entonces.

Que yo debía haber gritado; que mi llanto debía haber empapado las paredes; que mis manos tenían que haberse hecho pedazos estrujando su desesperación. Así hubieras tú querido que fuese. ¿Pero acaso no era alegre la mañana? Por la puerta abierta entraba el aire alegre, quebrando las guías de la yedra, sacudiendo las flores blancas de los arrayanes. En mis piernas comenzaba a crecer el vello entre las venas, y mis manos temblaban tibias al tocar mis senos. Los gorriones jugaban. En las lomas se mecía el trigo. Me dió que quieras.

llas a lo largo del corredor para que la gente que viniera a verla, esperara su turno. Estuvieron vacías. Y mi madre sola, en medio de los cirios; su cara pálida y sus dientes blancos asomándose apenas entre sus labios morados, endurecidos por la amoratada muerte. Sus pestañas ya quietas; quieto ya el resuello. Tú y yo, allí rezando rezos interminables, sin que ella oyera nada, sin que tú ni yo, oyéramos nada, todo perdido en la sonoridad del viento debajo de la noche.

Planchaste su vestido negro, almidonando el cuello y los puños de sus mangas para que sus manos se vieran nuevas, cruzadas sobre su pecho muerto; su viejo pecho amoroso sobre el que dormí en un tiempo y que me dió de comer y que palpitó para arrullar mis sueños.

Nadie vino a verla. Así estuvo mejor. La muerte no se reparte como si fuera un bien. Nadie anda buscando tristezas.

Tocaron la aldaba de la puerta. Tú saliste.

—Ve tú, te dije. Yo veo borrosa la cara de la gente. ¿Qué vienen por el dinero de las misas gregorianas? Ella no dejó ningún dinero. Díselo, Justina. Y has que se vayan. ¿Qué no saldrá del purgatorio si no le rezan esas misas? ¿Quiénes son ellos para hacer la justicia, Justina? ¿Dices que estoy loca? Está bien, has lo que quieras.

—Debe haber muerto hace mucho.

—¿Eres tú la que has dicho todo eso, Dorotea?

—¿Quién, yo? No. Me quedé dormida un rato. ¿Te siguen asustando?

—Oí a alguien que hablaba. Una voz de mujer. Creí que eras tú.

—¿Voz de mujer? ¿Creíste que era yo? Ha de ser la que habla sola. La de la sepultura grande. Doña Susanita. Está aquí enterrada a nuestro lado. Le ha de haber llegado la humedad y estará removiéndose entre el sueño.

—¿Y quién es doña Susanita?

—La última esposa de Pedro Páramo. Unos dicen que estaba loca. Otros, que no. Lo cierto es que ya hablaba sola desde en vida.

con la paciencia de su oficio, bajo el ai que les refrescaba su esfuerzo. Sus oj fríos, indiferentes.

Dijeron: "Es tanto". Y tú les pagas como quien compra una cosa, desdobla do tu pañuelo húmedo de lágrimas, es primido y vuelto a exprimir y ahora con teniendo el dinero de los funerales...

Y cuando ellos se fueron, te arrodilla te en el lugar donde había quedado s cara y besaste la tierra y podías habe abierto un agujero hasta ella si no hubiera dicho: "Vámonos, Justina, e está en otra parte; aquí no hay más qu una cosa muerta."

Y tus sillas se quedaron vacías ... rante un día y medio hasta que fuim a enterrarla, con aquellos hombres alq... los días; ¿Pero por qué iba a llorar? El... llanto no se desperdicia en vano. ¿... nos a cualquier pena, cerrando la sep... ¿Te acuerdas, Justina? Puiste las si... tura con arena mojada; bajando el caj...

—¡Uh, sí! Hace mucho. ¿Qué le oíste decir?

—Algo acerca de su madre.

—Pero si ella no tuvo madre. O al menos, no la trajo cuando vino. Pero espérate, ahora me acuerdo que ella nació aquí, y que ya de añejita desaparecieron. Y sí. Su madre murió de la tisis. Era una señora muy rara que no visitaba a nadie.

—Eso decía ella, que nadie había ido a ver a su madre cuando murió.

—Por el puro miedo de agarrar la tisis, por eso nadie se paró en su casa. Cuando vuelvas a oírla, me avisas, me gustaría saber lo que dice.

—¿Oyes? parece que va a hablar de nuevo. Se oye una voz.

—No, no es ella. Eso viene de más lejos, de por este otro rumbo. Y es voz de hombre. Lo que pasa con estos muertos viejos es que en cuanto se humedecen comienzan a despertar.

"El cielo es grande. Y Dios estuvo conmigo esa noche. Porque fué ya de noche cuando reviví....

—¿Lo oyes ya más claro?

—Sí.

"...Tenía sangre por todos lados. Y al levantarme chapoteé con mis manos la sangre regada en las piedras. Y era mía. Montonales de sangre. Pero no estaba muerto. Supe que Pedro Páramo no tenía intenciones de matarme. Sólo de darme un susto. Quería averiguar si yo había estado en Vilmayo dos meses antes. El día de San Cristóbal. En la boda. ¿En cuál boda? ¿En cuál San Cristóbal? Yo chapoteaba en mi sangre y le preguntaba: ¿En cuál boda, don Pedro? Me

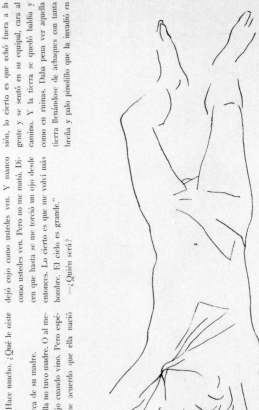

Dibujos de Julio Vidrio

sión, lo cierto es que echó fuera a la gente y se sentó en su equipal, cara al camino. Y la tierra se quedó baldía y como en ruinas. Daba pena ver aquella tierra llenándose de achaques con tanta breña y palo pinolillo que la invadió en

—¿Quién será?

—Sabrá Dios. Pedro Páramo causó tal mortandad después que le mataron a su padre, que se dice casi acabó con todos los asistentes a la boda en la que don Lucas Páramo la iba a hacer de padrino. Y eso que a don Lucas nomás le tocó de rebote, porque la cosa era contra el novio. Y como nunca se supo de dónde había salido la bala que le pegó a él, Pedro Páramo arrasó por parejo. Eso fué allá en el cerro de Vilmayo, donde antes estaban unos ranchos que ya desaparecieron.... Mira, ahora sí parece ser ella. Tú que tienes los oídos más muchachos, ponle atención. Ya me contarás lo que diga.

—No se le entiende. Parece que no habla, sólo se queja.

—¿Y de qué se queja?

—No lo sé.

—Debe ser por algo. Nadie se queja por nada. Para bien la oreja.

—Se queja y nada más. Tal vez por lo que le hizo sufrir Pedro Páramo.

—No creas. El la quería. Yo creo que nunca quiso a ninguna mujer como a esa. Ya se la entregaron sufrida y quizá loca. Tan la quería, que se pasó el resto de sus años aplastado en un equipal, mirando el camino por donde se la habían llevado al camposanto. Perdió todo interés en todo. Desalojó las tierras y mandó quemar los enseres. Unos dicen que porque se sintió cansado, otros que por deshi-

cuanto la dejaron sola. De ese día para acá se consumió la gente; se desbandaron los hombres en busca de otros "bebederos". Recuerdo veces en que Comala se llenó de "adioses" y hasta nos parecía cosa alegre salir a despedir a los que se iban. Y es que se iban con intenciones de volver. Dejaban sus cosas y su familia. Luego algunos mandaban por la familia aunque no por sus cosas y después parecieron olvidarse del pueblo y de nosotros. Yo me quedé porque no tenía a dónde ir. Otros se quedaron porque aguardaban que Pedro Páramo muriera, pues según decían les había prometido heredarles sus bienes, y con esa esperanza vivieron todavía algunos. Pero pasaron años y años y él seguía vivo, siempre allí, como un espantapájaros frente a las tierras de la Media Luna.

Ya cuando le faltaba poco para morir vinieron las guerras esas de los "cristeros" y la tropa echó rialada con los pocos hombres que quedaban. Fué cuando aquí cambiábamos huevos por tortillas y aún así no nos faltaba el hambre. Fué cuando yo comencé a morirme de hambre y desde entonces nunca me volví a emparejar.

Y todo por los zaquizamís de don Pedro, por sus pleitos de alma. Nomás porque se le murió su mujer, la tal Susanita. Ya te has de imaginar si la quería.

Dintel. Revista de arte y literatura. Director: Carlos Ramos Gutiérrez. Año 1, número 6. Septiembre de 1954.

SUMARIO

6

DINTEL

Septiembre de 1954
México, D. F.

Gabino Barreda 80-13

1.50 m. n.
0.15 Dlls.

DINTEL

REVISTA DE ARTE Y LITERATURA

GABINO BARREDA-80-13

México 4, D. F.

DIRECTOR:

CARLOS RAMOS GUTIERREZ

CO-DIRECTOR:

ARMANDO CAMARA ROSADO

GERENTE:

JOSE LUIS BOONE MENCHACA

Año I Nº 6   Septiembre de 1954

Precio del ejemplar: $1.50 m/n ó 0.15 de dólar

Suscripción anual: $15.00 m/n ó 1.30 dólar

Se solicita canje con publicaciones similares.

Registro en Trámite.

ILUSTRACIONES DE MARIANO

PAREDES Y MARIANO RECHY

COMALA

PEDRO PÁRAMO ESTABA SENTADO en un viejo equipal, junto a la puerta grande de la Media Luna, un poco antes de que se fuera la última sombra de la noche. Estaba solo, quizá desde hacía tres horas. No dormía. Se había olvidado del sueño y del tiempo: "Los viejos dormimos poco, casi nunca. A veces apenas si dormitamos; pero sin dejar de pensar. Eso es lo único que me queda por hacer". Después añadió en voz alta: "No tarda ya. No tarda". Y siguió:

—Hace ya tiempo que te fuiste, Susana. La luz era igual entonces que ahora, no tan bermeja; pero era la misma pobre luz sin lumbre, empañada, como envuelta en el paño blanco de la neblina que hay ahora. Era el mismo momento. Yo aquí, junto a la puerta mirando el amanecer y mirándote a ti, que seguías el camino del cielo; por donde el cielo comenzaba a abrirse en luces, alejándote, cada vez más desteñida entre las sombras de la tierra.

"Fue la última vez que te vi. Pasaste rozando con tu cuerpo las ramas del paraíso que está en la vereda y te llevaste con tu aire sus últimas hojas. Luego desapareciste.

"Te dije: '¡Regresa, Susana!'."

Pedro Páramo siguió moviendo los labios, balbuciendo palabras sin sonido. Después cerró la boca y entreabrió los ojos en los que se reflejó la débil claridad del amanecer. Amanecía.

A esa misma hora, la madre de Gamaliel Villa, doña Inés, barría la calle frente a la tienda de su hijo, cuando llegó y se metió por la puerta entornada Bonifacio Páramo. Se encontró al Gamaliel dormido encima del mostrador con el sombrero metido en la cara para que no lo molestaran las moscas. Tuvo que esperar un buen rato para que despertara. Tuvo que esperar a que doña Inés terminara la faena de barrer la calle, para que viniera a picarle las costillas a su hijo con el mango de la escoba y le dijera: "¡Aquí tienes un cliente! ¡Aleviántate!".

El Gamaliel se enderezó de mal genio, dando gruñidos. Tenía los ojos colorados de tanto desvelarse y de tanto acompañar a los borrachos, emborrachándose con ellos. Ya sentado sobre el mostrador, maldijo a su madre, se maldijo a sí mismo y maldijo infinidad de veces a la vida "que valía un puro carajo". Luego volvió a acomodarse con las manos entre las piernas y se volvió a dormir todavía murmurando maldiciones: "Yo no tengo la culpa de que a estas horas anden sueltos los borrachos".

—El pobre de mi hijo. Discúlpalo Boniz. El pobre. Se pasó la noche atendiendo a unos viajantes que se picaron con las copas. ¿Qué es lo que te trái por aquí tan de mañana?

—Pos nada más un cuartillo de alcohol del que estoy necesitado.

—¿Se te volvió a desmayar la Refugio?

—Se me murió ya, madre Villa. Anoche mismito, muy cerca de las once. Y con que dizque hasta vendí el solar que me legó mi madre y que usté sabe que era bueno. Con que hasta eso vendí porque se me aliviara.

—Háblame más fuerte que no oigo bien. ¿Qué es lo que dices?

—Que me pasé la noche velando a la muerta. A la muerta. Dejó de resollar anoche.

—Con razón me olió a muerto. Fíjate que hasta yo le dije al Gamaliel: Me huele que alguien se murió en el pueblo. Pero él ni caso me hizo; con eso de que tuvo que ingeniar con los viajantes, el pobre se emborrachó. Y'tú sabes que cuando está en ese estado ni caso le hace a una.

...ero qué me dices? ¿Y tienes convidados para el velorio?

—No, estoy solo. Para eso quiero el alcohol. Para curarme la pena.

—¿Y lo quieres puro?

—Sí, madre Villa. Pa emborracharme más rápido. Y

11

démelo pronto que llevo prisa.

—Te daré dos decílitros por el mismo precio y por ser para ti. Dile entretanto a la difuntita que yo siempre la aprecié y que me tome en cuenta cuando llegue a la Gloria. Díselo antes que se acabe de derretir.

—Se lo diré, madre Villa. Yo sé que ella también cuenta con usté pa que le rece sus oraciones. Con decirle que se murió llorando porque no hubo ni quien la auxiliara. Es triste, ¿no?

—¿Qué, no fuiste a ver al padre Aniceto?

—Fui; pero me informaron que andaba en el cerro.

—¿En cuál cerro?

—Pos por esos andurriales. Usté sabe que andan en la revuelta, dizque levantados en armas.

—Con razón no me ha soltado la preocupación. Siento desde hace muchos días como que se nos va acabar, la tranquilidad. ¿De modo que también él? Vaya pues.

—Pero a nosotros qué nos importa eso. Ni nos va ni nos viene. Sírvame la otra. Hay como que se hace la disimulada, al fin y al cabo el Gamaliel está dormido.

—Pero no se te olvide pedirle a Refugio que ruegue a Dios por mí, que tanto lo necesito.

—No se mortifique. Se lo diré en llegando. Y hasta le sacaré la promesa de palabra, por si es necesario y pa que usté esté conforme.

—Eso. Eso mero debes hacer. Porque tú sabes cómo son las mujeres. Así que hay que exigirles el cumplimiento rápido.

Bonifacio Páramo dejó otros veinte centavos sobre el

12

mostrador: Deme el otro cuartillo, madre Villa. Si usté me lo quiere dar sobradito, pos hay es cosa de usté. Lo único que le prometo es que éste me lo iré a beber junto a la difuntita; junto a mi Cuca.

—Vete pues, antes que se despierte mi hijo. Se le sabe malorear mucho el genio cuando amanece después de una borrachera. Vete volado y no se te olvide decirle a tu mujer que vele por mí desde la Gloria.

Bonifacio Páramo salió de la tienda dando estornudos. Aquello sabía a lumbre; pero como le habían dicho que así se subía más pronto, sorbió un trago tras otro, echándose aire en la boca con la falda de la camisa. Luego trató de ır derechito a su casa donde lo esperaba la Refugio; pero torció el camino y echó a andar calle arriba, saliéndose del pueblo y por donde lo llevó la vereda.

—¡Damiana! —llamó Pedro Páramo—. Ven a ver qué quiere ese hombre que viene por el camino.

Bonifacio Páramo siguió avanzando, dando traspiés, deteniéndose y agachando la cabeza y a veces caminando sobre las manos. Sentía que la tierra le daba vuelta, y luego que se le soltaba, la volvía encontrar enroscándosele como una culebra, hasta que llegó frente a la figura de un señor, sentado junto a la puerta de una casa grande.

—Deme una caridad para enterrar a mi mujer, dijo.

Oyó vagamente que alguien decía: "De las acechanzas del enemigo malo, líbranos Señor".

Era Damiana la que rezaba y le apuntaba con las manos haciendo la señal de la cruz: "Del enemigo malo, líbranos Señor".

Bonifacio Páramo vio a la mujer de los ojos azorados. Se estremeció, pensando que tal vez el demonio lo hubiera seguido hasta allí, y se dio vuelta, esperando encontrarse con una mala figuración. Al no ver a nadie, repitió:

—Vengo por una ayuda para enterrar a mi muerta.

El sol le llegaba por la espalda. Ese sol recién salido, casi frío, desfigurado por la neblina de la tierra.

La cara de Pedro Páramo se escondió debajo de la cobija como si se escondiera de la luz. Mientras que los gritos de Damiana se oían salir más repetidos, atravesando los campos: "¡Están matando a don Pedro!"

Bonifacio Páramo no entendía. No le encontraba la punta a sus pensamientos. No sabía qué hacer ni de qué se trataba. Sentía que los gritos de la vieja se estaban oyendo mucho más allá del pueblo. Quizá hasta su mujer los estuviera oyendo. Se dio cuenta de eso: de que su mujer estaba tendida en el catre, solita, allá en el patio de su casa, adonde él la había sacado para que se conservara y no se apestara pronto. La pobre de Cuca, que todavía hacía una semana se acostaba con él, bien viva, retozando como una potranca, y que le mordía y le raspaba la nariz con su nariz. La que le dio aquel hijito que se les murió de recién, dizque porque ella estaba incapacitada: el mal de ojo y los fríos y la rescoldera y no sé cuantos males que tenía su mujer, según le dijo el doctor que fue a verla. La Cuca, que ahora estaba allá aguantando el relente de la noche con los ojos cerrados, ya sin poder ver amanecer; ni este sol ni ningún otro.

—¡Ayúdenme! —dijo—. Denme algo. —Pero ni siquiera él se oyó. Los gritos de la mujer lo dejaron sordo.

Por el camino de Comala se movieron unos puntitos negros. De pronto los puntitos se convirtieron en hombres y luego estuvieron aquí, junto a él. La Damiana dejó de gritar. Ahora se había caído y abría la boca como si bostezara.

Los hombres que habían venido la levantaron del suelo, llevándola al interior de la casa. "¿A usted no le ha pasado nada, patrón?" preguntaron, nada, patrón? preguntaron.

Entonces apareció la cara de Pedro Páramo que dijo: "No". Moviendo la cabeza.

Le quitaron a Bonifacio Páramo el cuchillo que tenía en la mano y le dijeron: "Vente con nosotros. En buen lío te has metido". Y él los siguió.

Antes de entrar al pueblo les pidió permiso. Se hizo a un lado de la vereda y allí echó una cosa amarilla como de bilis. Chorros y chorros, como si hubiera sorbido diez litros de agua. Fue cuando le comenzó a arder la cabeza: "Estoy borracho", dijo. Luego regresó a donde estaban los demás. Se apoyó en los hombros de ellos y ellos lo llevaron a rastras, abriendo un surco en la tierra con la punta de sus pies.

Allá atrás, Pedro Páramo, sentado en su equipal, miró con sus ojos semiabiertos el cortejo que se iba hacia el pueblo. Sintió que su mano izquierda, al querer levantarse, caía muerta sobre sus rodillas; pero no hizo caso de eso, estaba acostumbrado a ver morir cada día alguno de sus pedazos. Vio cómo se sacudía el paraíso dejando caer sus últimas hojas: "Todos se van —dijo—. Todos escojen el mismo camino". Después volvió al lugar donde había dejado sus pensamientos.

—"Susana —dijo. Luego cerró los ojos—. Yo te pedí que regresaras. . ."

"...Había una luna grande enmedio del mundo. Se me perdían los ojos mirándote, los rayos de la luna filtrando sus rayos sobre de tí. No me cansaba de ver esa como aparición que eras tú; tu cara tierna, restregada de luna; tu boca abullonada, humedecida, irisada de estrellas; tu cuerpo trans-

19

Entre las páginas de *Dintel* dedicadas al texto de Juan Rulfo (9 a 20) se insertó un encarte (páginas 15 a 18) ajeno al fragmento de su novela, por lo que aquí se omite. La numeración de las páginas del texto completo de Rulfo, eliminando el encarte como aquí hacemos, pasa así de la 14 a la 19.

parentándose en el agua de la noche. Susana, Susana San Juan".

Quiso levantar la mano izquierda para aclarar la imagen; pero sus rodillas la retuvieron como si fuera de piedra. Quiso levantar su mano derecha y ella se fue cayendo despacio, de lado, hasta quedar apoyada en el suelo deteniendo su hombro deshuesado.

—Esta es mi muerte —dijo. Y añadió—. Tengo tiempo de pedir perdón.

El sol se fue volteando sobre las cosas y les devolvió su forma. La tierra en ruinas estaba frente a él, vacía. El calor caldeaba sus piernas inmóviles. Sus ojos se movían apenas; saltaban de un recuerdo a otro desdibujando el presente. A veces su corazón se detenía y parecía como si también se detuviera el aire. El aire de la vida.

—Con tal de que no sea una nueva noche —pensaba él.

Porque tenía miedo de los fantasmas de la noche que llenaban la oscuridad cuando la oscuridad lo llenaba todo. De encerrarse con sus fantasmas. De eso tenía miedo.

—Sé que dentro de unas cuantas horas vendrá Bonifacio con sus manos desangradas a pedirme la ayuda que le negué mientras estaba vivo. Y yo no tendré manos para taparme los ojos y no verlo. Tendré que oírlo, hasta que su voz se apague con el día, hasta que se le muera su voz.

Sintió que unas manos le tocaban los hombros y enderezó el cuerpo, endureciéndolo.

—Soy yo, don Pedro —dijo Damiana—. No quiere que le traiga su merienda?

Pedro Páramo no respondió.

Juan RULFO.

Fragmento de la novela en preparación titulada Los Murmullos.

20

LOS MURMULLOS – PEDRO PÁRAMO

TRES SECCIONES DEL MECANUSCRITO

J U A N   R U L F O

" L O S   M U R M U L L O S "

(Novela)

— Vine a Comala porque me dijeron que acá vivía mi padre, un tal
Pedro Páramo. Mi madre me lo dijo. Y yo le prometí que vendría a verlo
en cuanto ella muriera. Apreté sus manos en señal de que lo haría; pues
ella estaba por morirse y yo en un plan de prometerle todo. «No dejes
de ir a visitarlo, me recomendó. Se llama de este modo y de este otro.
Estoy segura de que le dará gusto conocerte». Entonces no pude hacer
otra cosa sino decirle que así lo haría, y de tanto decírselo se lo seguí diciendo aún después que a mis manos les costó trabajo zafarse de
sus manos muertas.

Todavía antes me había dicho: No vayas a pedirle nada.
Exígele lo nuestro. Lo que estuvo obligado a darme y nunca me dió...El
olvido en que nos tuvo, mi hijo, cóbraselo caro.

—Así lo haré, madre.

Pero no pensé cumplir mi promesa. Hasta que ahora pronto comencé
a llenarme de sueños, a darle vuelo a las ilusiones. Y de este modo se me
fué formando un mundo alrededor de la esperanza que era aquel señor llamado Pedro Páramo, el marido de mi madre.

Por eso vine a Comala.

Era ese tiempo de la canícula, cuando el aire de agosto sopla ca
liente envenenado por el olor podrido de la seponarias.

El camino subía y bajaba; sube o baja según se va o se viene. —

Para el que va, sube; para el que viene, baja.

Páginas 1 a 5 del mecanuscrito original de *Pedro Páramo*, que contienen los fragmentos 1 y 2 de la novela.

2

—¿Cómo dice usted que se llame el pueblo que se ve allá abajo?

—Comala, señor.

—¿Está seguro de que ya es Comala?

—Seguro, señor.

—¿Y por qué se ve esto tan triste?

—Son los tiempos, señor.

Yo imaginaba ver aquello a través de los recuerdos de mi madre; de su nostalgia, entre retazos de suspiros. Siempre vivió ella suspirando por Comala, por el retorno; pero jamás volvió. Ahora yo vengo en su lugar. Traigo los ojos conque ella miró estas cosas, porque me dió sus ojos para ver: "Hay allí, pasando el puerto de Los Colimotes, la vista muy hermosa de una llanura verde, algo amarilla por el maíz maduro. Desde ese lugar se ve Comala, blanqueando la tierra, iluminándola durante la noche".

Y su voz era secreta, casi apagada, como si hablara consigo misma... Mi madre.

—¿Y a qué va usted a Comala, si se puede saber? —oí que me preguntaban.

—Voy a ver a mi padre —contesté.

—¡Ah! —dijo él.

Y volvimos al silencio.

Caminábamos cuesta abajo, oyendo el trote rebotado de los burros. Los ojos reventados por el sopor del sueño, en la canícula de agosto.

—Bonita fiesta le va a armar —volví a oír la voz del que iba allí a mi lado—. Se pondrá contento de ver a alguien después de tantos años que nadie viene por aquí. Luego añadió: —Sea usted quien sea,

3

se alegrará de verlo.

En la reverberación del sol, (bajo un cielo sin nubes) la llanura parecía una laguna transparente, deshecha en vapores, por donde se
trasluce un horizonte gris. Más allá, una línea de montañas. Y todavía
más lejos, la más remota lejanía.

--¿Y qué trazas tiene su padre, si se puede saber?

--No lo conozco -le dije-. Sólo sé que se llama Pedro Páramo.

--¡Ah!, vaya.

--Sí, así me dijeron que se llamaba.

Oí otra vez el "¡Ah!" del arriero.

Me había encontrado con él en "Los Encuentros", donde se cruzaban varios caminos. Me estuve allí esperando, hasta que apareció este
hombre.

--¿A dónde va usted? -le pregunté.

--Voy para abajo, señor.

--¿Conoce un lugar llamado Comala?

--Para allá mismo voy.

Y lo seguí. Fuí tras de él tratando de emparejarme a su paso,
hasta que pareció darse cuenta de que lo seguía y disminuyó la prisa de
su carrera. Después los dos íbamos tan pegados que casí nos tocábamos
los hombros.

--Yo también soy hijo de Pedro Páramo -me dijo.

Una bandada de cuervos pasó cruzando el cielo vacío, haciendo -
cuar, cuar, cuar".

Después de trasumbar los cerros, bajamos cada vez
más. Habíamos dejado el aire caliente allá arriba y nos íbamos hundiendo en el puro calor sin aire. Todo parecía estar como en espera de algo.

4

—Hace calor aquí —dije.

—Sí, y esto no es nada —me contestó el otro—. Cálmese. Ya lo sentirá más fuerte cuando lleguemos a Comala. Aquello está sobre las brasas de la tierra, en la mera boca del infierno. Con decirle que muchos de los que allí *al llegar al infierno* *(por su cobija.)* se mueren al llegar al infierno, regresan por su cobija.

—¿Conoce usted a Pedro Páramo? —le pregunté.

Me atreví a hacerlo porque vi en sus ojos una gota de confianza.

—¿Quién es? —volví a preguntar.

—Un rencor vivo —me contestó él.

Y dió un pajuelazo contra los burros, sin necesidad, ya que los burros iban mucho más adelante de nosotros, enñarrerados por la baja da.

Sentí el retrato de mi madre guardado en la bolsa de la camisa, calentándome el corazón, como si ella también sudara. Era un retrato viejo, carcomido en los bordes; pero fué el único que conocí de ella. Me lo había encontrado en el armario de la cocina, dentro de una cazuela llena de yerbas: hojas de toronjil, flores de castilla, ramas de ruda. Desde entonces lo guardé. Era el único. Mi madre siempre fué enemiga de retratarse. Decía que los retratos eran cosa de brujería. Y así parecía ser; porque el suyo estaba lleno de agujeros como de aguja, y en la direc—ción del corazón tenía uno muy grande donde/podía caber *(bien)* el dedo del corazón.

Es el mismo que traigo aquí, pensando que podría dar buen resulta—do para que me reconociera mi padre.

—Mire usted —me dice el arriero deteniéndose—. ¿Ve aquella loma —que parece vejiga de puerco? Pues detrasito de ella está la Media Luna. Ahora volteé para allá. ¿Ve la ceja de aquel cerro? Véala. Y ahora volteé

5

para este otro ¿Ve la ceja que casi no se ve de lo lejos que está?

Bueno, pues eso es la Media Luna de punta a cabo. Como quien dice, toda la tierra que se puede abarcar con Y de él todo ese terrenal. El caso es que nuestras madres nos parieron en un petate aunque éramos hijos de Y lo más chistoso es que él nos llevó a bautizar.

Con usted debe haber pasado lo mismo, ¿no?

— No me acuerdo.

— ¡Váyase mucho al !

— ¿Qué dice usted?

— Que ya estamos llegando,

— Sí, ya lo veo. ¿Qué pasó aquí?

— Un correcaminos, Así les dicen a esos pájaros.

— No, yo preguntaba por el pueblo, que se ve tan solo, como si estuviera abandonado. Parece que no lo habitara nadie.

— No es que lo parezca. Así es. Aquí no vive nadie.

— ¿Y Pedro Páramo?

— Pedro Páramo murió hace muchos años.

20

Era la hora en que los niños juegan en las calles de todos los pueblos, llenando con sus gritos la tarde. Cuando aún las paredes grises reflejan la luz amarilla del sol.

Al menos eso había visto en Sayula, todavía ayer, a esta misma hora. Y había visto también el vuelo de las palomas rompiendo el aire quieto, sacudiendo sus alas como si se desprendieran del día. Volaban y caían sobre los tejados, mientras los gritos de los niños revoloteaban y parecían teñirse de azul en el cielo del atardecer.

aquella confusión, el irse diluyendo como en agua espesa, y el girar de luces; la luz entera del día que se desbarataba haciéndose añicos; y — ese sabor a sangre en la lengua. El "Yo pecador" se oía más fuerte, repetido,y después terminaban:"**por los siglos de lo siglos, amén**","por los siglos de los siglos, amén","por los **siglos**...."

— Ya calla,—dijo—.¿Cuánto hace que no te confiesas?

— Dos días, padre.

Allí estaba otra vez. Como si lo rodeara la desventura.¿Que haces aquí?—pensó—.Descansa. Vete a descansar. Estás muy cansado."

Se levantó del confesionario y se fué derecho a la sacristía. Sin volver la cabeza dijo a aquella gente que lo estaba esperando:"Todos los que se sienten sin pecado, pueden comulgar mañana".

Detrás de él, sólo se oyó un murmullo.

"Estoy acostada en la misma cama donde murió mi madre hace ya muchos años; sobre el mismo colchón; bajo la misma cobija de lana negra con la cual nos envolvíamos las dos para dormir. Entonces yo dormía a su lado, en un — lugarcito que ella me hacía debajo de sus brazos.

Creo sentir todavía el golpe pausado de su respiración; las palpitaciones y suspiros conque ella arrullaba mi sueño.... Creo sentir la pena de su muerte.

Pero esto es falso.

Páginas 76 a 82 del mecanuscrito original de *Pedro Páramo*, que contienen los fragmentos 41 y 42 de la novela.

77

Estoy aquí, boca arriba, pensando en aquel tiempo para olvidar
mi soledad. Porque no estoy acostada sólo por un rato. Y ni en la cama
de mi madre, sino dentro de un cajón negro como el que se usa para --
enterrar a los muertos. Porque estoy muerta.

Siento el lugar en que estoy y pienso...

Pienso cuando maduraban los limones. En el viento de febrero que
rompía los tallos de los helechos, antes que el abandono los secara; los limones maduros que llenaban con su olor el viejo patio.

El viento bajaba de las montañas en las mañanas de febrero. Y --
las nubes se quedaban allá arriba en espera de que el tiempo bueno las
hiciera bajar al valle; mientras tanto dejaban vacío el cielo azul, dejaban que la luz cayera en el juego del viento haciendo círculos sobre -
la tierra, removiendo el polvo y batiendo las ramas de los naranjos.

Y los gorriones reían; picoteaban las hojas que el aire hacía --
caer y reían; dejaban sus plumas entre las espinas -
de las ramas y perseguían a las mariposas y reían. Era esa época.

En febrero, cuando las mañanas estaban llenas de viento, de gorriones y de luz azul. Me acuerdo.

Mi madre murió entonces.

Que yo debía haber gritado; que mis manos tenían que haberse
hecho pedazos estrujando su desesperación. Así hubieras tú querido que
fuera. ¿Pero acaso no era alegre aquella mañana? Por la puerta abierta
entraba el aire, quebrando las guías de la yedra. En mis piernas comenzaba a crecer el vello entre las venas, y mis manos temblaban
tibias al tocar mis senos. Los gorriones jugaban. En las lomas se mecían
las espigas. Me dió lástima que ella ya no volviera a ver el juego del
viento en los jazmines; que cerrara sus ojos a la luz de los días. ¿Pero
por qué iba a llorar?

¿Te acuerdas, Justina? Acomodaste las sillas a lo largo del corredor para que la gente que viniera a verla esperara su turno. Estuvieron vacías. Y mi madre sola, en medio de los cirios; su cara pálida y sus dientes blancos asomándose apenitas entre sus labios morados, endurecidos por la amoratada muerte. Sus pestañas ya quietas; quieto ya su corazón. Tú y yo allí, rezando rezos interminables, xxx sin que ella oyera nada, sin que tú y yo oyéramos nada, todo perdido en la sonoridad del viento debajo de la noche.

Planchaste su vestido negro, almidonando el cuello y el puño de sus mangas para que sus manos se vieran nuevas, cruzadas sobre su pecho muerto; su viejo pecho amoroso sobre el que dormí en un tiempo y que me dió de comer y que palpitó para arrullar mis sueños.

Nadie vino a verla. Así estuvo mejor. La muerte no se reparte — como si fuera un bien. Nadie anda en busca de tristezas.

Tocaron la aldaba. Tú saliste.

~~Me~~ ~~dijeron~~ ~~Me~~ ~~dijeron.~~

—Vé tú, te dije. Yo veo borrosa la cara de la gente. Y ~~has~~ que — *regresan?* se vayan. ¿Que vienen por el dinero de las misas? *regresan* Ella no dejó ningún dinero. Díselos, Justina. ¿Que no saldrá del Purgatorio si no le rezan esas misas? ¿Quiénes son ellos para hacer la justicia, Justina? ¿Dices que estoy loca? Está bien.

Y tus sillas se quedaron vacías hasta que fuimos a enterrarla con aquellos hombres alquilados, sudando por un peso ajeno, extraños a cualquier pena. Cerrando la sepultura con arena mojada; bajando el ——— cajón despacio, con la paciencia de su oficio, bajo el aire que les refrescaba su esfuerzo. Sus ojos fríos, indiferentes.

Dijeron: "Es tanto." Y tú les pagaste, como quien compra una cosa, desanudando tu pañuelo húmedo de lágrimas, exprimido y vuelto a

exprimir y ahora guardando el dinero de los funerales...

Y cuando ellos se fueron, te arrodillaste en el lugar donde

había quedado su cara y besaste la tierra y podrías haber abierto

un agujero , si yo no te hubiera dicho: "Vámonos, Justina, ella -

está en otra parte, aquí no hay más que una cosa muerta"¿

-¿Eres tú la que ha dicho todo eso, Dorotea?

-¿Quién, yo? Me quedé dormida un rato. ¿Te siguen asustando?

- Oí a alguien que hablaba. Una voz de mujer. Creí que eras tú.

- ¿Voz de mujer? ¿Creíste que era yo? Ha de ser la que habla -

sola. La de la sepultura grande. Doña Susanita. Está aquí enterrada

a nuestro lado. Le ha de haber llegado la humedad y estará removién-

dose entre el sueño.

- ¿Y quién es ella?

- La última esposa de Pedro Páramo. Unos dicen que estaba loca.

Otros, que no. La verdad es que ya hablaba sola desde en vida.

- Debe haber muerto hace mucho.

- ¡Uh, sí! Hace mucho. ¿Qué le oíste decir?

- Algo a cerca de su madre.

- Pero si ella ni madre tuvo...

- Pues de eso hablaba.

-... O,al menos , no la trajo cuando vino. Pero espérate. Ahora

recuerdo que ella nació aquí, y que ya de añejita desaparecieron. Y sí, su madre murió de la tisis. Era una señora muy rara que siempre estuvo enferma y que no visitaba a nadie.

— Eso dice ella. Que nadie había ido a ver a su madre cuando murió.

— ¿Pero de qué tiempos hablará? Claro que nadie se paró en su casa por el puro miedo de agarrar la tisis. ¿Se acordará de eso la india?

— De eso hablaba.

— Cuando vuelvas a oírla me avisas, me gustaría saber lo que dice.

— ¿Oyes? Parece que va a decir algo. Se oye un murmullo.

— No, no es ella. Eso viene de más lejos, de por este otro rumbo. Y es voz de hombre. Lo que pasa con estos muertos viejos es que en cuanto les llega la humedad comienzan a removerse. Y despiertan.

—"...El cielo es grande. Dios estuvo conmigo esa noche. De no ser - así quién sabe lo que hubiera pasado. Porque fué ya de noche cuando reviví..."

— ¿Lo oyes ya más claro?

— Sí.

"...Tenía sangre por todas partes. Y al enderezarme chapotié con mis manos la sangre xhrxrhxrhxrxrxx regada en las piedras. Y era mía. Montonales de sangre. Pero no estaba muerto. Me dí cuenta. Supe que don Pedro no tenía intenciones de matarme. Sólo de darme un susto. Quería averiguar si yo había estado en Vilmayo dos meses antes. El día de San Cristóbal. En la boda. ¿En cuál boda? ¿En cuál San Cristóbal? Yo chapoteaba entre mi sangre y le preguntaba ¿En cuál boda, don

Pedro? No, no, don Pedro, yo no estuve. Si acaso, pasé por allí. Pero
fue casualidad...Él no tuvo intenciones de matarme. Me dejó cojo, como
ustedes ven, y manco si ustedes quieren. Pero no me mató. Dicen que se
me torció un ojo desde entonces, de la mala impresión. Lo cierto es que
me volví más hombre. El cielo es grande. Y ni quien lo dude".

- ¿Quién será?

- Vé tú a saber. Alguno de tantos. Pedro Páramo causó tal mortandad después que le mataron a su padre, que se dice casi acabó con los
asistentes a la boda en la cual don Lucas Páramo la iba a fungir de --
padrino. Y eso a don Lucas nomás le tocó de rebote, porque al parecer la cosa era contra el novio. Y como nunca se supo de dónde había --
salido la bala que le pegó a él, Pedro Páramo arrasó parejo. Eso fue
allá en el cerro de Vilmayo, donde estaban unos ranchos de los que ya
no queda ni el rastro.... Mira, ahora sí parece ser ella. Tú que tienes
los oídos muchachos, ponle atención. Ya me contarás lo que diga.

- No se le entiende. Parece que no habla, sólo se queja.

- ¿Y de qué se queja?

- Pues quién sabe. Se quejará.

- Debe ser por algo. Nadie se queja de nada. Para bien la oreja.

- Se queja
- Bandadas y nada más. Tal vez Pedro Páramo la hizo sufrir.

- No creas. Él la quería. Estoy por decir que nunca quiso a ninguna mujer como a ésa. Ya se la entregaron sufrida y quizá loca. Tan la --
quiso, que se pasó el resto de sus años arlastado en un equipal, mirando
el camino por donde se la habían llevado al camposanto. Le perdió interés
a todo. Desalojó sus tierras y mandó quemar los enseres. Unos dicen que
porque ya estaba cansado; otros que porque le agarró la desilusión; lo --
cierto es que echó fuera a la gente y se sentó en su equipal, cara al --
camino.

81

// Desde entonces la tierra se quedó baldía y como en ruinas.

Daba pena ~~ver aquella tierra~~ *verla* llenándose de achaques con tanta plaga que la invadió en cuanto la dejaron sola. Dé allá para acá se consumió la gente; se desbandaron los hombres en busca de otros "bebederos". — hasta

Recuerdo días en que Comala se llenó de "adioses" y/nos parecía cosa alegre ir a despedir a los que se iban. Y es que se iban con intencio— nes de volver. Nos dejaban encargadas sus cosas y su familia. Luego — algunos mandaban por la familia aunque no por sus cosas, y después pare cieron olvidarse del pueblo y de nosotros *y hasta de sus cosas.* Yo me quedé porque no tenía a dónde ir. Otros se quedaron esperando que Pedro Páramo muriera, pues según decían les había prometido heredarles sus bienes, y con esa espe— ranza vivieron todavía algunos. Pero pasaron años y años y él seguía vivo, siempre allí, como un espantapájaros frente a las tierras de la Media Luna.

// Y ya cuando le faltaba poco para morir vinieron las guerras esas de los "cristeros" y la tropa echó ~~rifalada~~ bala con los pocos hombres que — quedaban. Fué cuando yo comencé a morirme de hambre y desde entonces nunca me volví a emparejar.

Y todo por las ideas de don Pedro, por sus pleitos de alma. Nada más porque se le murió su mujer, la tal Susanita. Ya te has de imaginar si la quería.

119

— Pedro Páramo estaba sentado en un viejo equipal, junto a la puerta grande de la Media Luna, poco antes de que se fuera la últi ma sombra de la noche. Estaba solo, quizá desde hacía tres horas. No dormía. Se había olvidado del sueño y del tiempo: "Los viejos dormimos poco, casi nunca. A veces apenas si dormitamos; pero sin dejar de pensar. Eso es lo único que me queda por hacer". Después añadió en voz alta: "No tarda ya. No tarda". Y siguió:

"Hace mucho tiempo que te fuiste, Susana. La luz era igual entonces que ahora, no tan bermeja; pero era la misma pobre luz sin lumbre, envuelta en el paño blanco de la neblina que hay ahora. Era el mismo momento. Yo aquí, junto a la puerta mirando el amanecer y mirando cuando te ibas, siguiendo el camino del cielo; por donde el cielo comenzaba a abrirse en luces, alejándote, cada vez más deste— ñida entre las sombras de la tierra.

"Fué la última vez que te vi. Pasaste rozando con tu cuerpo las ramas del paraíso que está en la vereda y te llevaste con tu ai— re sus últimas hojas. Luego desapareciste. Te dije: '¡Regresa, Susana!'"

Pedro Páramo siguió moviendo los labios, susurrando palabras. Después cerró la boca y entreabrió los ojos en los que se reflejó la débil claridad del amanecer.

Amanecía.

A esa misma hora, la madre de Gamaliel Villalpando, doña Inés, barría la calle frente a la tienda de su hijo, cuando llegó y se metió por la puerta entornada Abundio Martínez. Se encontró al Gamaliel dor—

mido encima del mostrador con el sombrero cubriéndole la cara para
que no lo molestaran las moscas. Tuvo que esperar un buen[para que
despertara. Tuvo que esperar a que doña Inés terminara la faena de
barrer la calle y viniera a picarle las costillas a su hijo con el
mango de la escoba y le dijera: "Aquí tienes un cliente! ¡Alevan--
tate!

El Gamaliel se enderezó de mal genio, dando gruñidos. Tenía
los ojos colorados de tanto desvelarse y de tanto acompañar a los
borrachos, emborrachándose con ellos. Ya sentado sobre el mostrador,
maldijo a su madre, se maldijo así mismo y maldijo infinidad de veces a la vida "que valía un puro carajo". Luego volvió a acomodarse con las manos entre las piernas y se volvió a dormir todavía --
farfullando maldiciones: "Yo no tengo la culpa de que a estas horas
todavía anden sueltos los borrachos".

— El pobre de mi hijo. Discúlpalo, Abundio. El pobre se pasó
la noche atendiendo a unos viajantes que se picaron con las copas.
¿Qué es lo que te trái por aquí tan de mañana?

Se lo dijo a gritos, porque Abundio era sordo.

— Pos nada más un cuartillo de alcohol del que estoy necesitado.

— ¿Se te volvió a desmayar la Refugio?.

— Se me murió ya, madre Villa. Anoche mismito, muy cerca de
las once. Y conque hasta vendí mis burros. Dizque hasta eso vendí
porque se me aliviara.

— ¡No oigo lo que estás diciendo! ¿O no estás diciendo nada?

¿Qué es lo que dices?

— Que me pasé la noche velando a la muerta, a la Refugio.

121

Dejó de resollar anoche.

— Con razón me olió a muerto. Fíjate que hasta yo le dije al Gamaliel:"Me huele que alguien se murió en el pueblo." Pero ni caso me hizo; con eso de que tuvo que congeniar con los viajantes, el — pobre se emborrachó. Y tú sabes que,cuando está en ese estado, todo le da risa y ni caso le hace a una. ¿Pero qué me dices? ¿Y tienes convidados para el velorio?

— Ninguno, madre Villa. Para eso quiero el alcohol, para cu- rarme la pena.

— ¿Lo quieres puro?

— Sí, madre Villa. Pa emborracharme más pronto. Y démelo rá- pido que llevo prisa.

— Te daré dos decílitros por el mismo precio y por ser para tí. Ve diciéndole entre tanto a la difuntita que yo siempre la apre- ció y que me tome en cuenta cuando llegue a la gloria. Yo creo que es una de las pocas, porque de verdad que era buena la Refugio, mejor que tú, Abundio, favoreciéndome recuerdos.

— Sí, madre Villa.

— Díselo antes de que se acaben de derretir.

— Se lo diré. Yo sé que ella también cuenta con usté pa que encomiende sus oraciones. Con decirle que se murió llorando porque no hubo ni quien la auxiliara.

— ¿Qué, no fuiste a ver al padre Rentería?

— Fuí. Pero me informaron que andaba en el cerro.

— ¿En cuál cerro?

— Pos por esos andurriales. Usted sabe que andan en la revuelta.

— ¿De modo que también él? Pobres de nosotros,Abundio.

— A nosotros qué nos importa eso, madre Villa. Ni nos va ni nos viene. Sírvame la otra. ~~Hoy~~ Ahí como que se hace la disimulada, al fin y al cabo el Gamaliel está dormido.

— Pero no se te olvide pedirle a Refugio que ruegue a Dios por mí, que tanto lo necesito.

— Eso, eso mero debes hacer. Porque tú sabes cómo son las muje~~s~~res. Así que hay que exigirles el cumplimiento requerido.

Abundio Martínez dejó otros ~~veinte~~ cincuenta centavos sobre el mostrador:

— No se mortifique. Se lo diré en llegando. Y hasta le sacaré la promesa de palabra, por si es necesario y pa que usté ~~xxx~~ se deje de apuraciones.

— Pero no se te olvide pedirle a Refugio que ruegue a Dios por mí, que tanto lo necesito.

⌐—Déme el otro cuartillo, madre Villa. Y si me lo quiere dar sobradito, pos ahí ~~hay~~ es cosa de usté. Lo único que le prometo es que éste sí me lo iré a beber junto a la difuntita; junto a mi Cuca.

— Véte pues, antes que se despierte mi hijo. Se le malorea mucho el genio cuando amanece después de una borrachera. Véte volado y no se te olvide darle mi encargo a tu mujer.

Salió de la tienda dando estornudos. Aquello era pura lumbre; —pero, como le habían dicho que así se subía más pronto, sorbió un trago tras otro, echándose aire en la boca con la falda de la camisa. Luego trató de ir derecho a su casa donde lo esperaba la Refugio; pero tor— ció el camino y echó a andar calle arriba, saliéndose del pueblo por donde lo llevó la vereda.

— ¡Damiana!—llamó Pedro Páramo—Ven a ver qué quiere ese hombre que viene por el camino.

Abundio siguió avanzando, dando traspiés, agachando la cabeza y a veces caminando en cuatro patas. Sentía que la tierra se retorcía, le daba vueltas y luego se le soltaba; él corría para agarrarla, y cuando ya le tenía en sus manos se le volvía a ir, hasta que llegó frente a la figura de un señor sentado junto a una puerta. Entonces se detuvo:

- Déjeme
- Déjé una caridad para enterrar a mi mujer, dijo.

Damiana Cisneros rezaba: "De las acechanzas del enemigo malo, líbranos, Señor". Y le apuntaba con las manos haciendo la -- señal de la cruz.

Abundio Martínez vió a la mujer de los ojos azorados, ponién-- dole aquella cruz enfrente, y se estremeció. Pensó que tal vez el de-- monio lo hubiera seguido hasta allí, y se dió vuelta, esperando en-- contrar/alguna mala figuración. Al no ver a nadie, repitió:

- Vengo por una ayudita para enterrar a mi muerta.

El sol le llegaba por la espalda. Ese sol recién salido, casi frío, desfigurado por el polvo de la tierra.

La cara de Pedro Páramo se escondió debajo de las cobijas como si se escondiera de la luz, mientras que los gritos de Damiana se oían salir más repetidos, atravesando los campos: ¡Están matando a don Pedro!

Abundio Martínez oía que aquella mujer gritaba. No sabía qué hacer para acabar con esos gritos. No les encontraba la punta a sus pensamien-- tos. Sentía que los gritos de la vieja se debían estar oyendo muy lejos. Quizá hasta su mujer los estuviera oyendo, porque a él le taladraban las orejas, aunque no entendía lo que decía. Pensó en su mujer que es-- taba tendida en el catre, solita, allá en el patio de su casa, adonde él la había sacado para que se serenara y no se apestara pronto. La Cuca, que todavía ayer se acostaba con él, bien viva, retozando como una potranca, y que le mordía y le raspaba la nariz con su nariz. La que le dió aquel hijito que se les murió apenas nacido, dizque porque ella estaba incapacitada: el mal de ojo y los fríos y la rescoldera y no sé cuántos males que tenía su mujer, según le dijo el doctor que fué a verla ya a última hora, cuando tuvo que vender sus burros para traerlo hasta acá, por el cobro tan alto que le pidió. Y de nada había servido...La Cuca, que ahora estaba allá aguantando el relente, con los ojos cerrados, ya sin poder ver amanecer; ni este sol ni ningún otro.

— ¡Ayúdenme!—dijo—. Déme algo. Pero ni siquiera él se oyó. Los gritos de aquella mujer lo dejaban más sordo.

Aquel señor que estaba allí tependose la cara que él conocía — tan bien, era su padre, por eso algo lo hizo recurrir a él, nomás para tantear. No tenía para comprar el cajón. Se había gastado los últimos centavos. ¿En dónde se había gastado? De todos modos aquello no hubiera alcanzado ni aún haciendo el cajón él mismo. Aquel señor era su padre.

¿En dónde se los había gastado? De todos modos aquello no hubiera alcanzado ni aún haciendo el cajón él mismo.

— ¡Dame algo para enterrar a mi mujer!

Gritos. Nada más gritos. Y la cruz de una mano puesta casi junto a sus ojos.

Por el camino de Comala se movieron unos puntitos negros. De pronto los puntitos se convirtieron en hombres y luego estuvieron aquí, cerca de él. Damiana Cisneros dejó de gritar. Deshizo su cruz. Ahora se había caído y abría la boca como si bostezara.

Los hombres que habían venido la levantaron del suelo y la llevaron al interior de la casa. ¿No le ha pasado nada a usted, patrón? preguntaron.

Apareció la cara de Pedro Páramo, que sólo movió la cabeza.

125

Desarmaron a Abundio, que aún tenía el cuchillo lleno de sangre en la mano: "Vente con nosotros, le dijeron. En buen lío te has metido." Y él los siguió.

Antes de entrar el pueblo les pidió permiso. Se hizo a un lado y allí vomitó una cosa amarilla como de bilis. Chorros y chorros, como si hubiera servido diez litros de agua. Entonces le comenzó a arder la cabeza y sintió la lengua trabada: "Estoy borracho", dijo. Regresó a donde estaban esperándolo. Se apoyó en los hombros de ellos, y ellos lo llevaron a rastras, abriendo un surco en la tierra con la punta de los pies.

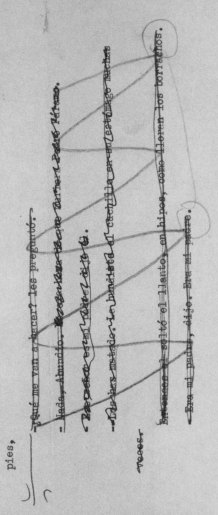

Allá atrás, Pedro Páramo, sentado en su equipal, miró el cortejo que se iba hacia el pueblo. Sintió que su mano izquierda, al querer levantarse, caía muerta sobre sus rodillas; pero no hizo caso de eso. Estaba acostumbrado a ver morir cada día alguno de sus pedazos. Vio cómo se sacudía el paraíso dejando caer sus hojas: "Todos escogen el mismo camino. Todos se van". Después volvió al lugar dónde había dejado sus pensamientos.

— Susana —dijo. Luego cerró los ojos—. Yo te pedí que regresaras....

"... Había una luna grande en medio del mundo. Se me perdían los ojos mirándote. Los rayos de la luna filtrándose sobre tu cara. No me cansaba de ver esa aparición que eras tú. Suave, restregada de luna; tu boca abullonada, humedecida, irisada de estrellas; tu cuerpo transparentándose en el agua de la noche. Susana, Susana San Juan."

Quiso levantar su mano para aclarar la imagen; pero sus piernas la retuvieron como si fuera de piedra. Quiso levantar la otra mano y su cuerpo fué cayendo despacio, de lado, hasta quedar apoyada en el suelo como una muleta deteniendo su hombro deshuesado.

— Ésta es mi muerte —dijo.

El sol se fué volteando sobre las cosas y les devolvió su forma. La tierra en ruinas estaba frente a él, vacía. El calor caldeaba aquello. Sus ojos apenas se movían; saltaban de uno a otro, desdibujando el presente. De pronto su corazón se detenía y parecía como si también se detuviera el tiempo. Y el aire de la vida.

"Con tal de que no sea una nueva noche —pensaba él.

Porque tenía miedo de las las noches que le llenaban de fantasmas la oscuridad. De encerrarse con sus fantasmas. De eso tenía miedo.

— Sé que dentro de pocas horas vendrá Abundio con sus manos ensangrentadas a pedirme la ayuda que le negué. Y yo no tendré manos para taparme los ojos y no verlo. Tendré que oírlo; hasta que su voz se apague con el día, hasta que se le muera su voz.

Sintió que unas manos le tocaban los hombros y enderezó el cuerpo, endureciéndolo.

— Soy yo, don Pedro —dijo Damiana—. ¿No quiere que le traiga su comida?

128

Pedro Páramo respondió: —Voy para allá. Ya voy".

Se apoyó en los brazos de Damiana Cisneros e hizo el intento

de caminar. Después de unos cuantos pasos cayó, suplicando por dentro;

pero sin decir una sola palabra. Dió un golpe seco contra la tierra y se

fué desmoronando como si fuera un montón de piedras.

Pedro Páramo estaba sentado en un viejo equipal, junto a la puerta grande de la Media Luna, poco antes de que se fuera la últi-ma sombra de la noche. Estaba solo, quizá desde hacía tres horas.

No dormía. Se había olvidado del sueño y del tiempo: "Los viejos dormimos poco, casi nunca. A veces apenas si dormitamos; pero sin dejar de pensar. Eso es lo único que me queda por hacer". Después añadió en voz alta: "No tarda ya. No tarda" Y siguió:

"Hace mucho tiempo que te fuiste, Susana. La luz era igual que entonces que ahora, no tan bermeja; pero era la misma pobre luz sin lumbre, envuelta en el paño blanco de la neblina que hay ahora. El mismo momento. Yo aquí, junto a la puerta mirando el amanecer y mirando cuando te ibas, siguiendo el camino del cielo; por donde el cielo comenzaba a abrirse en luces, alejándote, cada vez más desteñida entre las sombras de la tierra.

"Fue la última vez que te vi. Pasaste rozando con tu cuerpo las ramas del paraíso que está en la vereda y te llevaste con tu re sus últimas hojas. Luego desapareciste. Te dije: '¡Regresa, Susana!'"

Pedro Páramo siguió moviendo los labios, susurrando palabras. Después cerró la boca y entreabrió los ojos en los que se reflejó la débil claridad del amanecer.

Amanecía.

PEDRO PÁRAMO EN 1954

VÍCTOR JIMÉNEZ

PEDRO PÁRAMO EN TRES REVISTAS DE 1954, Y UNA LEYENDA

Es todavía poco conocido el hecho de que Juan Rulfo hubiese publicado adelantos de *Pedro Páramo* mientras se encontraba en la última etapa de escritura de la novela, que coincide con su segundo período como becario del *Centro Mexicano de Escritores* (septiembre de 1953 a julio de 1954). Fueron tres revistas culturales (*Las Letras Patrias, Universidad de México y Dintel*) las que recogieron en marzo, junio y septiembre de 1954 siete fragmentos de la novela, muy similares a otros tantos de la versión aparecida en libro en marzo de 1955. Este dato da una idea de la excelente oportunidad que representa para el análisis de la forma en que Rulfo concibió su compleja obra, ya que la secuencia de los pasajes en las revistas es la misma que tienen en la novela: los dos iniciales, otros tantos de la parte media (el monólogo de Susana San Juan y el diálogo entre Juan Preciado y Dorotea, donde ésta resume lo que ocurrirá en el resto de la novela) y los tres fragmentos finales.

Pero hay otra circunstancia que hace valioso el "primer estado" de *Pedro Páramo*: durante unos 30 años nadie recordaría la existencia de estas revistas, y en ese mismo lapso apareció una leyenda cuya difusión iba aparejada al olvido de aquellas publicaciones.

Por lo anterior es posible afirmar que tanto lo que podemos llamar *Pedro Páramo* en 1954 como la leyenda aludida son temas vinculados, y tratar uno implica acercarse al otro. El autor de este texto se ha ocupado anteriormente de la doble cara de este "binomio" en un texto que se puede consultar en la página oficial de Juan Rulfo: "Algunas leyendas de principio a fin".[1] Jorge Zepeda ha reunido los documentos existentes sobre el momento en que Rulfo inicia su segundo período de actividad en el Centro Mexicano de Escritores, donde concluirá

---

[1] http://www.clubcultura.com/clubliteratura/clubescritores/juanrulfo/afondo.htm>, disponible para consulta desde el 8 de octubre de 2001.

Pedro Páramo, abordando también algunas versiones de la leyenda mencionada.[2] Por su parte, Marco Antonio Campos se refería en 2003 a uno de los ángulos de lo que llamaba "falsos rumores"[3], aunque fue José Emilio Pacheco quien primero habría recogido por escrito (en 1977) la insistente presencia de la que llamó "administrativa calumnia". Lo hacía en una reseña dedicada a las *Obras completas* de Juan Rulfo publicadas por la Biblioteca Ayacucho (número 13) de Caracas, a cargo de Jorge Ruffinelli. Destacaba Pacheco que el autor pidió entonces que los cuentos de *El Llano en llamas* se ordenasen de manera diferente a la que tenían en las ediciones del Fondo de Cultura Económica. Cito la parte dedicada por Pacheco a la "administrativa calumnia":

Aquí conviene salir, por vez primera en forma pública, al paso de una leyenda que ha alcanzado cierta difusión oral por nuestras inclinaciones a pretender que sabemos la historia secreta de algo y suponer que Shakespeare no escribió las obras de Shakespeare sino lo hizo un contemporáneo suyo que tenía el mismo nombre.

Unas cincuenta veces este redactor ha escuchado, en labios de interlocutores que pretenden hacerle la gran revelación, la teoría delirante de que en 1955 Rulfo entregó al Fondo de Cultura Económica un manuscrito informe y cercano a las mil cuartillas. De ellas, se dice, el poeta Alí Chumacero extrajo *Pedro Páramo* a base de recortes, tachaduras y *collages*.

Otras cincuenta veces la respuesta ha sido desmentir la versión y restituirle a Rulfo la autoría absoluta de su gran obra. Las bases para la administrativa calumnia son: a) en efecto, como funcionario del FCE, Alí Chumacero ordenó los cuentos de *El Llano en llamas* en la disposición que conservaron en las ediciones anteriores a la presente; b) por esos años Juan José Arreola dedicó gran parte de su tiempo a la actividad, insólita entre nosotros, de reescribir gratuita y generosamente muchos libros ajenos –pero en modo alguno los de su amigo Rulfo.

Por lo demás, y como se sabe, las editoriales mexicanas no hacen ni han hecho nunca trabajos de "edición" en el sentido que posee el término en lengua inglesa. Si Alí Chumacero hubiese sido el Maxwell Perkins de este Scott Fitzgerald, no hubiera reprochado a *Pedro Páramo*, en la reseña inicial que se escribió de este libro, precisamente "una desordenada composición que no ayuda a hacer de la novela la unidad que, ante tantos ejemplos que la novelística moderna nos proporciona, se ha de exigir de una obra de esta naturaleza".[4]

Por Pacheco sabemos que en ese tiempo se mencionaba ya a Chumacero y Arreola (corrector del Fondo de Cultura Económica de 1946 a 1949, becario del Centro Mexicano de Escritores en 1951-1952 y 1953-1954,[5] cabeza de taller de redacción y revisor de textos de su

---

[2] Jorge Zepeda, "Testimonios de una síntesis conflictiva", Capítulo 3 de *La recepción inicial de Pedro Páramo (1955-1963)*, Editorial RM-Fundación Juan Rulfo-UNAM-Conaculta / INBA-Universidad de Guadalajara-Secretaría de Cultura del Estado de Jalisco, México, 2005, en adelante, *La recepción inicial*.

[3] "Los falsos rumores", *La Jornada Semanal*, 450, 19 de octubre de 2003, p. 14. Puede verse completo en el enlace citado en la nota 1, e igualmente de manera parcial más adelante.

[4] José Emilio Pacheco, "Inventario: Obras completas de Juan Rulfo", *Proceso*, 1, 39, 1 de agosto de 1977, p. 56.

propia editorial en los años siguientes) como los "colaboradores" de Rulfo en la definición de características esenciales de la novela de Rulfo. Con su experiencia sobre el mundo editorial y literario, Pacheco reconoce las debilidades de la leyenda que había llegado "cincuenta veces" a sus oídos, y hace precisiones que coinciden con dos autores que citaré después: Pierre Bourdieu y Javier Marías. Será en 1980 cuando las revistas de 1954 y una copia al carbón del original de *Pedro Páramo* sean redescubiertas por los investigadores literarios, lo que hubiese bastado para que una lectura como la hecha por Pacheco se consolidase, pero todavía habrá por muchos años encargados de alimentar la leyenda, siempre con inexactitudes, contradicciones y errores palmarios. Para entender la razón que animaba a esta conseja debe recordarse que en aquellos mismos años el prestigio de Rulfo tanto en México como en el extranjero –ningún otro escritor mexicano ha sido tan traducido como él– había alcanzado cotas sin precedente. No sería la primera vez que una obra causaba estas reacciones, y ayudará citar aquí dos casos bien documentados.

1. En 1498, a los 23 años de edad, inicia Miguel Ángel el grupo escultórico de la *Piedad* para concluirlo el año siguiente. La obra "se colocó en San Pedro, en la capilla de la Virgen María delle Febbre en el templo de Marte" (en el antiguo San Pedro; el actual se inicia en 1505), como escribe su discípulo y biógrafo Giorgio Vasari, quien agrega:

Esta obra fue la única que Miguel Ángel firmó. Se decidió a hacerlo porque un día que entraba al lugar que ocupa su grupo oyó a varios milaneses elogiarla; y como uno de ellos preguntara el nombre del autor, se le respondió: "Es nuestro Gobbo de Milán". Miguel Ángel guardó silencio, pero fastidiado por ver que otro gozaba el honor de sus trabajos, se introdujo por la noche en la capilla y, provisto de una pequeña vela y de sus cinceles, grabó su nombre en un cinturón que ciñe el busto de la Virgen.[6]

El Jorobado de Milán era Cristoforo Solari, y la inscripción labrada en la cinta que cruza el pecho de María dice: *Michael Angelus Bonarotus Florentinus faciebat*. Ya el lugar elegido por el artista es un indicio de su temor por lo que pudiera ocurrir en el futuro: lo usual es firmar las esculturas en un ángulo de la base (donde puede eliminarse una inscripción con facilidad).

2. Adamo Boari, arquitecto del ahora Palacio de Bellas Artes, decidió instalar un telón metálico en la bocaescena del foro para cortar la propagación de un incendio. Lo decoraría con un paisaje del Valle de México y pidió un proyecto al húngaro Géza Maróti, que rechazó, solicitando otro a la casa Louis C. Tiffany, de Nueva York. Aceptado éste, la cortina se instalaría en 1911. Boari deja el país en 1916 y muere en Roma en 1928. Con él fuera, Gerardo Murillo,

[5] Véase Sergio López Mena, *Perfil de Juan Rulfo*, Praxis, México, 2001, p. 11.

[6] Giorgio Vasari, *Vidas de pintores, escultores y arquitectos ilustres*, trad. de Juan B. Righini y Ernesto Bonasso, El Ateneo, Buenos Aires, 1945, t. II, p. 401.

el Dr. Atl, crea la leyenda de que él había realizado el diseño del telón. En 1983-1984, cuando el que esto escribe colaboraba en un libro sobre la historia del Palacio,[7] vimos que ningún documento avalaba el dicho de Atl y sí los había que apuntaban a Harry Stoner, colaborador de Tiffany. Arturo Casado, autor de una investigación sobre Atl publicada también en 1984,[8] se nos acercó. Quería saber qué sabíamos del telón. A él no le quedaba duda de que Atl no podía ser su autor: Atl y Boari eran enemigos en la Academia de San Carlos y el italiano nunca lo hubiese llamado. Además, nos dijo, Atl era un gran mitómano y ya había encontrado muchas leyendas tejidas por él alrededor de su vida y obra. Por último, el telón refleja el estilo de Louis C. Tiffany y nada tiene que ver con el de Atl. Años después encontré el libro de Hugh F. McKean[9] que recoge su investigación en el archivo de Tiffany: el diseño del telón de Bellas Artes es sólo de Harry Stoner.[10]

La literatura no está, en absoluto, al margen de este género de intentos de atribuirse obras ajenas, completas o en parte. Es conocida la leyenda creada por Ezra Pound para presentarse como colaborador de T. S. Eliot en *The Waste Land*, y aunque los estudiosos serios la han desmentido aún circula su versión. Marco Antonio Campos se ha ocupado de leyendas relativas a la literatura mexicana en el artículo ya citado, pero a esto volveremos después, puesto que se trata de una de las materias centrales del presente análisis.

UN ESCRITOR QUE SE OCUPABA DE LO SUYO; PRIMEROS TROPIEZOS DE LA LEYENDA

Dueño de una personalidad poco afecta al ruido, Juan Rulfo inició con discreción la más brillante carrera literaria del siglo XX mexicano, y así continuó hasta el final de su vida. Su relativo silencio –sin emitir a diario noticias sobre lo que hacía, y resistiendo con evasivas los interrogatorios– era un campo propicio para que, como dice Jorge Ruffinelli (investigador que desempeña aquí un papel fundamental), arrancara muy pronto la conocida historia:

Así, pues, comenzó a gestarse la leyenda de un escritor que, en vez de haberse formado, había *nacido como tal*, y cuyo talento, en vez de balbuceos lograba la "involuntaria" expresión perfecta.[11]

[7] Alejandrina Escudero, Víctor Jiménez y Juan Urquiaga, *La construcción del Palacio de Bellas Artes*, INBA, México, 1984.

[8] Arturo Casado Navarro, *Gerardo Murillo, el Dr. Atl*, UNAM / Instituto de Investigaciones Estéticas, México, 1984.

[9] Hugh F. McKean, *The "Lost" Treasures of Louis Comfort Tiffany*, Doubleday & Company, Garden City, New York, 1980.

[10] *The "Lost" Treasures of Louis Comfort Tiffany*, pp. 142-146.

[11] Interrumpo aquí la cita de Ruffinelli para remitir al lector, entre otros, a Samuel Gordon en torno a los intereses literarios de Rulfo: "Un autor que se interesaba por la diversidad dialectal en la literatura italiana frente al toscano considerado clásico. Un autor que conocía la obra de Ramuz mejor que muchos suizos y que leía y releía los cuentos y la novelística –fundamentalmente *Trampa 22*– de Joseph Heller, cuando pocos

De acuerdo con la leyenda de los orígenes del escritor nato, éste necesitaba la ayuda de sus amigos, al menos de aquellos que pudieran "interpretar" y filosofar sobre la escritura novelesca, aunque no la hubieran practicado. Durante mucho tiempo, después de *Pedro Páramo*, corrieron en México distintas versiones sobre la escritura de la fascinante novela. Ante todo, la de que Rulfo había contado con la ayuda decisiva, casi autorial, de los editores literarios del Fondo de Cultura Económica...

No se quisieron explicar de otra manera los rasgos singularísimos de estructura y estilo, ante todo el uso del tiempo que parecía provenir allí de James Joyce más que en los cuentos de *El Llano en llamas*... Con excepción de "Luvina" [...], el estilo de Rulfo en los cuentos no parecía anunciar las originalísimas maneras de narrar de su novela, la sofisticación y la maestría que en ella demostró. De acuerdo con las leyendas sobre la composición de *Pedro Páramo*, la originalidad estructural no le pertenecía al escritor, sino a los amigos expertos que le habían auxiliado. Volveré sobre esta leyenda, para referir cómo se disipó un cuarto de siglo más tarde.[12]

A pesar de que Ruffinelli consideraba disipada "un cuarto de siglo más tarde" (es decir, en 1980) la leyenda del auxilio de los "editores literarios" del Fondo de Cultura Económica en la originalidad estructural de *Pedro Páramo*, la fábula renació, como era previsible, apenas fallecido su autor en 1986. Javier Marías se ha ocupado de este tipo de casos:

Ante el fallecimiento de alguien notable, los periódicos se llenan de necrológicas y evocaciones. Algunas parecen sentidas y algunas son objetivas, pero en nuestro país escasean ambas clases. La mayoría deberían llevar por título "Fulano y yo", o más bien "Yo y Fulano". El autor se dirige al muerto en segunda persona y lo llama invariablemente por su nombre de pila y exhibe su propio dolor más que otra cosa: "Miren cuán desgarrado estoy"; viene a decirnos, "yo lo amé y lo admiré

norteamericanos sabían aún quién era. En cambio, ¿cuánto le faltaba por leer a la crítica para poder leer a Rulfo?" ("Juan Rulfo: una conversación hecha de muchas. Diálogos entre textos, pre-textos y para-textos", *Revista de la Universidad Autónoma del Estado de México*, 8, enero-marzo de 1992 (pp. 55-60), p. 59; en adelante, "Juan Rulfo: una conversación"). Sobre Rulfo y la literatura brasileña, véase Jorge Ruedas de la Serna: "Habló de Guimaraes Rosa, como quien habla de un hermano; de Clarice Lispector, de Nélida Piñón, de Dalton Trevisan, de Drummond, de toda la literatura brasileña contemporánea. El ministro y todos los que estaban ahí no podían creerlo. Rulfo era un profundo conocedor de la letras brasileñas", *México Indígena*, número extraordinario, 1986, p. 22. Igualmente puede consultarse: Víctor Jiménez, Alberto Vital y Jorge Zepeda (coords.), *Tríptico para Juan Rulfo: poesía, fotografía, crítica*, Editorial RM-Fundación Juan Rulfo-Congreso del Estado de Jalisco-UNAM-UIA-Universidad Autónoma de Aguascalientes-Universidad de Colima, 2006, donde se encuentra información sobre Rulfo como traductor de Rainer Maria Rilke (Alberto Vital, "Rulfo y Rilke"; Dieter Rall, "*Duineser Elegien* de Rainer Maria Rilke"; Guadalupe Domínguez y Susy Rodríguez, "*Elegías de Duino* en la versión de Juan Rulfo"; "Versión de Juan Rulfo"), como conocedor de la poesía negra estadounidense (Víctor Jiménez, "Palabra llana y poesía en Rulfo") y como lector tan devoto de Hamsun como siempre declaró, sin que nadie, al parecer, estuviese dispuesto a profundizar en el tema (Zarina Martínez-Borresen, "Juan Rulfo, ecos de Knut Hamsun").

[12] Jorge Ruffinelli, "La leyenda de Rulfo: cómo se construye el escritor desde el momento en que deja de serlo" (en adelante, "La leyenda de Rulfo"), en *Juan Rulfo, Toda la obra*, ALLCA XX, Colección Archivos 17, Conaculta, México, 1992, p. 449.

más que nadie". En otras ocasiones, el necrólogo enumera lo que él hizo por el difunto, lo mucho que éste se lo agradeció y los elogios que le dispensó: "Yo lo defendí cuando tantos lo atacaban", viene a contarnos, cuando no "Yo lo descubrí, yo lo lancé, cuánto nos admirábamos recíprocamente, en cuánta estima me tenía, casi que fui fundamental en su vida". No es eso infrecuente entre quienes de verdad lo trataron y hasta es probable que lo quisieran bien, a su modo especular: "Si tan gran hombre o mujer me profesan amistad, grandeza he de tener yo también; luego en realidad pertenecemos a la misma casta y somos pares".[13]

Se hicieron entonces algunos ajustes a la leyenda ya conocida, pero conviene detenerse otro poco en 1980, cuando aparece el muy sólido trabajo de investigación que Ruffinelli consideraba suficiente para desmentir a los "amigos expertos". Cito nuevamente su ensayo:

Me referí antes a una parte de la "leyenda negra" de *Pedro Páramo*, leyenda que consiste en disminuir la autoría de la novela, remitiendo ciertas responsabilidades a quienes estuvieron cerca del proceso de publicación. Las versiones más generosas dicen, frente a una estructura originalísima, que simplemente otras manos que las del autor compusieron la estructura que le conocemos.[14]

Y hace aquí Ruffinelli una cuidadosa cita del trabajo —aparecido en una revista de la que fue director— de Juan Manuel Galaviz[15] sobre la *copia* (como acota Ruffinelli correctamente) que Rulfo depositó en el Centro Mexicano de Escritores. Conviene precisar que no se trata del *original* de la novela. Galaviz habla primero de "copia" pero termina empleando la palabra "original" al referirse a la misma. Éste nunca llegó al Centro sino al editor, naturalmente, y ahora está en manos de su propietaria, la señora Clara Aparicio de Rulfo. La copia que entregó Rulfo al Centro fue obtenida con el procedimiento habitual en la época, colocando una hoja de papel carbón bajo el original (que recibía directamente los impactos de los tipos de la máquina) y, en último lugar, una hoja de papel delgado. Después me referiré a las diferencias entre ambos documentos. Conocía Galaviz las primeras dos de las tres revistas en que Rulfo publicó adelantos de la novela: *Las Letras Patrias* y *Universidad de México*, pero no menciona la tercera, *Dintel*. Consultó igualmente los informes del avance de su trabajo rendidos por Rulfo. Estos últimos se transcriben aquí íntegramente. Para Ruffinelli,

La investigación de Galaviz comprueba que la originalidad de Rulfo no le pertenece a nadie sino al mismo escritor, y que éste tenía conciencia de las dificultades de su trabajo. En sus conclusiones, dice Galaviz: "¿Puede ser de alguna utilidad que alguien analice las variantes que se advierten al co-

[13] Javier Marías, "Ladrones de cenizas", *El País Semanal*, 1486, 20 de marzo de 2005, p. 110; también en Javier Marías, *Demasiada nieve alrededor*, Alfaguara, Madrid, 2007, pp. 30-32. En adelante, "Ladrones".

[14] "La leyenda de Rulfo", p. 451.

[15] Juan Manuel Galaviz, "De *Los murmullos* a *Pedro Páramo*", *Texto Crítico*, VI, 16-17, enero-junio de 1980, pp. 40-73; en adelante, "De *Los murmullos*".

tejer el original [copia al carbón] de *Los murmullos* y la edición de *Pedro Páramo*? Considero que sí. Principalmente para una objetiva apreciación del arte narrativo de Juan Rulfo, tan excelente en lo que omite o suprime como en lo que dice. De paso, al hacer este fácil cotejo, se disolverán inútiles leyendas como las que hablan de un voluminoso original mutilado contra la voluntad de Rulfo, o las que pretenden que el trabajo de corrección definitiva y organización final de la novela haya sido mérito sobre todo de Alí Chumacero y Antonio Alatorre. En contra de éstos y parecidos infundios, se levanta el testimonio de las pruebas. Sin quitar mérito a las observaciones y sugerencias que pudieron proceder de Alatorre, Chumacero y otros, es indiscutible que la composición de *Pedro Páramo* hasta su redacción definitiva es mérito y responsabilidad total de Juan Rulfo."[16]

Aparece en esta cita el nombre de Antonio Alatorre, quien se esforzará todavía por años en mantener viva la leyenda, aunque a favor de otros, pues se desmarcó como protagonista. Agregaba Ruffinelli, consciente de la importancia de la investigación pionera de Galaviz:

¿Cuáles son las pruebas que fundamentan esta seguridad del investigador? Ante todo, el cotejo de la primera edición (que luego el autor retocó en la edición conmemorativa Tezontle de 1980) con una copia del original que Rulfo estaba escribiendo durante su beca en el Centro Mexicano. La versión del Centro, cuando aún no se pensaba en publicar la novela, es muy similar a la que luego se publicó. Hay variantes, algunas de ellas importantes, pero ninguna señala una *diferencia* en la concepción de la novela, ni en su estructura, ni en el uso del lenguaje, ni siquiera en la extensión. Las "variantes" implican el cuidado normal de un escritor ante la oportunidad de dar los últimos toques a un libro que está entrando en imprenta; no señalan participación ajena significativa alguna.[17]

Continúa Ruffinelli, quien sigue apoyándose en el trabajo documental casi exhaustivo de Galaviz:

En noviembre de 1953, Rulfo escribió en otro informe algo sobre el progreso de su novela:

"He realizado ya los primeros dos capítulos de la novela, aunque no en forma definitiva, pues algunas cosas tienen que ser rehechas para dejarlos por terminado. También tengo formados varios fragmentos de partes que irán en los capítulos subsecuentes. Lo importante en sí, es que al fin he logrado dar con el tratamiento en que se irá realizando el trabajo [...]."

Dos años después, la novela aparecía publicada. Las leyendas del origen y de la paternidad estructural, comenzaban a tejerse.[18]

Los informes enviados por Rulfo al Centro Mexicano de Escritores tienen gran importancia en este contexto. El Centro se regía por el calendario escolar de los Estados Unidos

[16] "La leyenda de Rulfo", p. 452, el texto de Galaviz, "De *Los murmullos*", p. 46.

[17] "La leyenda de Rulfo", p. 452.

[18] "La leyenda de Rulfo", pp. 452-453.

(vigente también entonces en buena parte de la República Mexicana, excepto el centro del país) e iniciaba sus actividades académicas en septiembre. Así, por ejemplo, la concesión de la beca 1952-1953 le fue anunciada a Rulfo mediante un telegrama el 3 de septiembre de 1952, y hubo notas de prensa los días 5 y 12 del mismo mes alusivas a la nueva promoción de becarios. El contrato que celebró Rulfo con el Centro para su segunda beca establece que la institución "entregará mensualmente a la otra parte, que de aquí en adelante se llamará el becario, precisamente el día quince de cada mes, y no antes, a partir de septiembre de 1953 y durante doce meses, la cantidad de $ 182.50 Dlls." En relación con la primera beca Rulfo dirigía cartas al Comité de Becas y a Margaret Shedd sobre las condiciones que aceptaba y el avance de su cuento "Luvina" el 29 de noviembre de 1952 y el 15 de enero de 1953, respectivamente. Ya dentro de su segunda beca envía un informe sin fecha (pero de 1953, y se puede datar con buena aproximación) cuyo contenido transcribimos porque permite ubicar cronológicamente su trabajo en la novela:

Primer informe de Juan Rulfo.

Durante el período comprendido entre el 15 de agosto al 15 de septiembre he escrito varios fragmentos de la novela, a la que pienso denominar "Los desiertos de la tierra" [:] estos fragmentos escritos hasta la fecha aunque no guardan un orden evolutivo, fijan determinadas bases en que se irá fundamentando el desarrollo de la novela; algunos de estos fragmentos tienen una extensión hasta de cuatro cuartillas, pero como es lógico no siguen un orden determinado.

Considero que en cambio me servirán de punto de partida para varios de los capítulos.

Atentamente.
Juan Rulfo [rúbrica][19]

No tenemos información sobre la fecha en que se concedió la segunda beca a Rulfo, que quizá fue un trámite más sencillo que la primera vez y por ello estaría trabajando en su nueva obra desde mediados de agosto. Téngase en cuenta que *El Llano en llamas* se termina de imprimir el 18 de septiembre de ese año y Rulfo redacta este informe esperando recibir un ejemplar; el Centro Mexicano de Escritores, en todo caso, tendría la certeza de que Rulfo era un becario responsable. En su informe Rulfo utiliza un título de la novela que no corresponde al primero que había pensado, en 1947, y que tampoco aparecerá muy poco después, en 1954. Habla dos veces de "fragmentos" y de un orden que no es "evolutivo" o "determinado," lo que puede significar, sin forzar la interpretación, que la obra no sigue un orden cronológico convencional. La extensión de esos "fragmentos" correspondería más o menos a la que tienen en las versiones conocidas del texto ("hasta de cuatro cuartillas") y parece estar avanzando en varios frentes de trabajo: "me servirán de punto de partida para *varios* de los capítulos" (subrayado mío). No es fácil saber qué idea de "capítulos" tendría Rulfo en mente, pero debió abandonar la de designarlos así en forma paulatina. En el siguiente informe (de donde tomó Galaviz su cita) habla aún de ellos, pero aparece ahora la denominación "fragmentos":

---

[19] Fotografía de este documento en *La recepción inicial*, p. 70.

Informe de Juan Rulfo.

Correspondiente al 1º. de noviembre de 1953.

He realizado ya los primeros dos capítulos de la novela, aunque no en forma definitiva, pues algunas cosas tienen que ser rehechas para dejarlos por terminado. Tengo también formados varios fragmentos de partes que irán en los capítulos subsecuentes.

Lo importante en sí, es que al fin he logrado dar con el tratamiento en que se irá realizando el trabajo.

He presentado a lectura en el Centro, un ejemplo que, aunque fragmentariamente[,] interpretaba el ambiente y las características de uno de los personajes.

El nombre de la protagonista ha sido cambiado al de Susana San Juan, y el del personaje principal al de Pedro Páramo.

Considero que si no tengo ninguna dificultad para seguir en continuidad los hechos de la historia, posiblemente pueda entregar en el próximo informe los primeros capítulos ya formados.

Atentamente.

Juan Rulfo. [rúbrica][20]

Rulfo parece estar seguro del inicio de su novela y en posesión de fragmentos de partes posteriores, aunque no necesariamente en forma consecutiva, y tiene definido el "tratamiento" que dará a su trabajo. Ha dado a conocer en el Centro partes que definen el "ambiente" y las características de uno de los personajes y anuncia el nombre definitivo de los principales. Parece atento a una posible dificultad: "seguir en continuidad los hechos de la historia" (como veremos, en la primera mitad de 1954, por lo publicado en *Las Letras Patrias y Universidad de México*, tendrá ya resuelto esto) y anticipa un próximo informe, que no llegó a redactar Jorge Zepeda anunciaba que: "De su próxima novela, Juan Rulfo ha entregado un breve trozo a la revista 'Letras Patrias' que publicará el Instituto Nacional de Bellas Artes".[21] porque no sería necesario: el 21 de febrero de 1954 una nota periodística citada por Jorge

Aparecía en esta nota el nombre de la primera publicación que recogerá fragmentos (el inicio) de la novela. Añado ahora un dato relevante: nueve días después de la fecha del informe del primero de noviembre Rulfo compraba la máquina en la que escribió *Pedro Páramo*, y esto habría tenido una significación especial en su decisión de avanzar hacia la versión final de la novela a lápiz que el mismo día, 10 de noviembre de 1953, le hizo la pintora Lucinda Urrusti.[22] de la novela. La importancia de tal adquisición podría estar relacionada con el dibujo a lápiz que el mismo día, 10 de noviembre de 1953, le hizo la pintora Lucinda Urrusti.[22]

Lo que se publicó en 1954 en revistas y en 1955 en libro fue ya escrito en dicha máquina.

[20] Fotografía de este documento en *La recepción inicial*, p. 70.

[21] Anónimo, "Autores y libros", *México en la Cultura*, 257, 21 de febrero de 1954, p. 2, citado en *La recepción inicial*, p. 77.

[22] Fotografías de la factura y la máquina, así como del dibujo de Urrusti, se pueden ver en *La recepción inicial*, pp. 98, 99 y 103, e igualmente en este mismo libro, pp. xiv, xviii.

LAS TRES REVISTAS DE 1954 A DETALLE

La investigación de Galaviz se remontaba también a la primera parte de la historia de *Pedro Páramo* al mencionar dos de las revistas de 1954. Tanto Ruffinelli[23] como Sergio López Mena[24] hablaron en su momento de la publicación de fragmentos de la novela de Juan Rulfo en las tres revistas de 1954. La primera, *Las Letras Patrias*, era el número 1, de enero-marzo, y en ella (pp. 104-108) aparecen los que en noviembre Rulfo llamaba "primeros dos capítulos" de la novela. Para los investigadores es conocida la diferencia más notoria de esta entrega con la versión final: la frase inicial en 1954 es "Fui a Tuxcacuexco", pero el resto del texto es casi idéntico al definitivo y esto no es un detalle menor, porque se puede advertir una idea muy decidida de la dirección de la novela y de la forma en que será narrada. Por *Las Letras Patrias* sabemos que la madre del narrador ha muerto y que su voz lo acompaña en el camino. El arriero se refiere ya a Pedro Páramo como "un rencor vivo" y dice que es el dueño de todo lo que ve su acompañante. Sugiere que, a pesar de esto, sería el padre de hijos abandonados, como ellos mismos. Al final agrega que Pedro Páramo "murió hace muchos años". El arriero anticipa también a Preciado que el pueblo al que va es tremendamente caluroso, incluso infernal ("está sobre las brasas de la tierra, en la mera boca del infierno") y que se encuentra deshabitado: "aquí no vive nadie". No podía Rulfo escribir todo esto sin una idea precisa de lo que no eligió adelantar en 1954 pero que ya tenía definido: el arribo de Preciado a un pueblo muerto. Y a pesar de que sólo los más atentos podrían advertirlo cuando apareció el libro, hay situaciones trascendentales que se adelantan en el título tentativo de la novela según la nota al pie de la página 104 de *Las Letras Patrias*: "Fragmento de la novela en preparación, *Una Estrella junto a la luna*".

Hoy sabemos que en dos cartas de 1947 (cuando tenía 30 años de edad), escritas el 1 de junio y el 28 de agosto y dirigidas a Clara Aparicio, su novia, menciona Rulfo una obra en proceso, que se le resiste: "yo he estado estos días dedicado a permanecer un poco atrás de la puerta debido a lo que te conté, y no he hecho sino leer un poquito y querer escribir algo que no se ha podido, y que si lo llego a escribir se llamará: "Una estrella junto a la luna."[25]

El 25 de agosto comentaba a Clara el cuento "Es que somos muy pobres" y en la siguiente carta, del 28 del mismo mes, le dice que el relato "está muy mal escrito" y no se lo enviará,

[23] "El lugar de Rulfo", en *El lugar de Rulfo*, Universidad Veracruzana, México, 1980 (pp. 9-38), p. 28. El autor menciona sólo *Las Letras Patrias* y aclara que el primer número de esta revista, aunque fechado en 1954, apareció en 1955, pero esto no corresponde a los hechos. Quizá se refiere a una reimpresión del texto de Rulfo en el *Anuario* del INBA dedicado a 1954 e impreso a finales de 1955, donde se consigna lo mencionado por él: que en *Las Letras Patrias* se citan *El Llano en llamas* y *Pedro Páramo* como bibliografía del autor. En el número original de la revista (anunciado el 21 de febrero en la nota recogida por Jorge Zepeda) sólo se dice que el texto titulado "Un cuento" es un "Fragmento de la novela en preparación, *Una Estrella junto a la luna*." Gordon sigue a Ruffinelli en el error mencionado y López Mena proporciona correctamente el dato.

[24] Sergio López Mena, "Nota filológica preliminar", *Juan Rulfo, Toda la obra*, en donde se da la información completa y correcta de las tres revistas, aunque omite que en el número de *Dintel* que publicó el texto de Rulfo se dice que pertenece a "la novela en preparación titulada *Los Murmullos*", p. XXXVI.

[25] Juan Rulfo, *Cartas a Clara*, ed. de Alberto Vital, Editorial RM, México, 2012, p. 92.

"pero la verdad es que he estado fallando en eso de escribir. No me sale lo que yo quiero. Además, se me van por otro lado las ideas. Y todo, al final, se echa a perder. Si logro hacer ese de 'Una estrella junto a la luna', de que te platiqué en cierta ocasión, te lo mandaré a la carrera antes de publicarlo para que le des el visto bueno."[26]

La estrella del primer título de la novela no es mencionada en el texto mismo de los dos fragmentos de *Las Letras Patrias*, sino en la nota citada. Aparece cuatro veces en la novela completa, y se puede tener una idea muy clara de lo que implica para un autor como Rulfo, quien tuvo vocación de historiador y reunió una biblioteca importante sobre el tema. Hay dos menciones de la estrella en cada uno de los dos fragmentos consecutivos, el 31 ("Por el techo abierto al cielo...") y el 32 ("Como si hubiera retrocedido"). La función del astro puede comprenderse mejor si recordamos que se trata de Xólotl. Me he ocupado de esto en un artículo publicado originalmente en octubre de 2003[27] y con modificaciones en 2008.[28] La aparición vespertina de Quetzalcóatl tiene una peculiaridad que ha descrito Salvador Mateos Higuera al analizar la representación pictórica de Xólotl en el Códice Borbónico, donde adopta la forma de un perro que lleva en la cabeza "el ojo-estrella cercado por la oscuridad nocturna y un gran jade, símbolo de lo precioso, porque preciosa era la luz que el perro Xólotl, hecho visible como Estrella Vespertina, despeda en determinadas tardes en seguimiento del sol que descendía por el Occidente, para cumplir su misión de alumbrar tenuemente a los difuntos, que estaban bajo tierra en el Mictlán, Lugar de los Muertos."[29]

Gracias a la luz de esta estrella los muertos pueden ver de nuevo el mundo y deambular por él. Quizá éste sea el primer núcleo de la historia que Rulfo concibió y mencionaba en sus cartas de 1947. Los pasajes en que se refiere a la estrella se encontrarían configurados, con anticipación hasta de unos siete años, cuando publica los fragmentos de 1954, aunque se mantuvieron inéditos entonces. El título mencionado en *Las Letras Patrias* es buen indicio, sin embargo, de la importancia que le daba Rulfo entonces, a pesar de las vacilaciones implícitas en su primer informe ("Los desiertos de la tierra") y el que aparecerá muy pronto, en la siguiente revista ("Los murmullos"). Lo relevante para los fines de este texto es que el título primigenio anuncia, mucho tiempo atrás, una idea de la novela más completa de lo que una revisión ligera del tema sugeriría. Lo mismo arroja la lectura atenta de los dos adelantos siguientes de 1954.

Veamos con detalle las menciones de la estrella vespertina ya en 1955: en el fragmento 31 Juan Preciado se encuentra al inicio de su segunda noche en Comala, en casa de los hermanos incestuosos. Ve pasar por el techo abierto los pájaros y unas nubes. Luego dice: "Después

[26] *Cartas a Clara*, p. 144.

[27] Víctor Jiménez, "Una estrella para la muerte y la vida", *Opción, Revista del Alumnado del ITAM*, año XXIII, 121, octubre 2003, pp. 69-80.

[28] Víctor Jiménez, "Una estrella para la muerte y la vida", en Anne Marie Eidesgaard Jeppesen (coord.), *Tras los murmullos. Lecturas mexicanas y escandinavas de Pedro Páramo*, Museum Tusculanum Press, Copenhague, 2008; en adelante, "Una estrella", pp. 53-73.

[29] Salvador Mateos Higuera, *Enciclopedia gráfica del México antiguo*, Secretaría de Hacienda y Crédito Público, México, 1993, t. II, p. 243, citado en "Una estrella", p. 60.

salió la estrella de la tarde, y más tarde la luna."[30] Al poco tiempo contempla asustado a la otra hermana, quien va por unas sábanas: "Hasta que al fin logré torcer la cabeza y ver hacia allá, donde la estrella de la tarde se había juntado con la luna." El techo semiderruido de la casa permite ver la estrella desde el interior de la misma. Al iniciar el siguiente fragmento, el 32, Preciado recuerda su primera noche en Comala, en un salto atrás –tan comunes en la novela– completamente explícito:

Como si hubiera retrocedido el tiempo. Volví a ver la estrella junto a la luna. Las nubes deshacién-dose. Las parvadas de los tordos. Y en seguida la tarde todavía llena de luz.

Las paredes reflejando el sol de la tarde. Mis pasos rebotando contra las piedras. El arriero que me decía: "Busque a doña Eduviges, si todavía vive!"

Estos párrafos remiten al inicio del fragmento 3, aún inédito en 1954 (viene a continua-ción de los dos aparecidos en *Las Letras Patrias*), aunque enlazado *necesariamente* con el 32 por las complejas correlaciones construidas, como los estudiosos han advertido, entre partes distantes e inesperadas de la novela. Se trata de la llegada de Preciado a Comala, don-de preguntará poco después por Eduviges, cuyas primeras noticias acaba de recordar en el fragmento 32, pero que le habrían sido comunicadas por el arriero en el cuarto fragmento: "Busque a doña Eduviges, si es que todavía vive. Dígale que va de mi parte." En el fragmento 3 indaga por ella, dirigiéndose a la primera mujer de Comala (cuando acaba de ver la estrella junto a la luna) que pasa por ahí:

Era la hora en que los niños juegan en las calles de todos los pueblos, llenando con sus gritos la tarde. Cuando aún las paredes negras reflejan la luz amarilla del sol. [...]

Ahora estaba aquí, en este pueblo sin ruidos. Oía caer mis pisadas sobre las piedras redondas con que estaban empedradas las calles. Mis pisadas huecas, repitiendo su sonido en el eco de las paredes teñidas por el sol del atardecer. [...]

Al cruzar una bocacalle vi una señora envuelta en su rebozo que desapareció como si no existiera. [...]

La seguí con la mirada. Le grité:

—¿Dónde vive doña Eduviges?

La estrella cuya luz aprovechan los muertos para salir recibe a Juan Preciado en el pue-blo, aunque sólo lo sabrá el lector en el fragmento 32. Al final del mismo la hermana desnuda

[30] Estando el lector de este libro necesariamente familiarizado con las ediciones de Juan Rulfo, cito por el texto definitivo de *Pedro Páramo* establecido por la Fundación Juan Rulfo, según aparece en todas las ediciones de Editorial RM y las de Cátedra a partir de la número 17, de 2003. No doy, pues, números de páginas para las citas puntuales, que pueden ser encontradas fácilmente por la información que aquí se proporciona sobre los fragmentos a que pertenecen. Para *El Llano en llamas* también me remito a las ediciones de Editorial RM, así como a las de Cátedra a partir de la número 14, de 2003.

le explica quién era la mujer que vino por las sábanas, asustándolo. Entonces ve Preciado de nuevo hacia afuera, por la abertura del techo: "Un cielo negro, lleno de estrellas. Y junto a la luna la estrella más grande de todas."

A continuación, el fragmento 33 se inicia con la insólita pregunta que Juan Preciado dirige a Dolores, su madre, quien sorprendentemente le responde:

—¿No me oyes? –pregunté en voz baja.

Y su voz me respondió:

—¿Dónde estás?

Juan Preciado sólo había *recordado* antes, como en los fragmentos iniciales (ya en *Las Letras Patrias*), la voz de su madre. Ahora *sabe* que ella puede oírlo en la casa donde se encuentra y que él puede escuchar su respuesta. La referencia previa –inmediata– a la estrella no es casual. De este tipo de alusiones, que pueden pasar inadvertidas, y los entrecruzamientos temporales, donde tiene un papel primordial la memoria de los personajes, está llena la novela, como es fama, a la manera de un mecanismo donde cada pieza se toca con muchas otras a condición de que nunca esperemos vínculos simples. Las tres citadas "primeras" referencias a Eduviges enlazan pasajes alejados en la novela mediante anticipaciones, recuerdos y repeticiones que dan perspectivas diversas pero convergentes. Tampoco debemos esperar significados explícitos: cias narrativas diversas pero convergentes. Tampoco debemos esperar significados explícitos: la presencia de la estrella vespertina, por ejemplo, también alude a la cojera de Dorotea[31] y su papel como guía de Juan Preciado en ultratumba,[32] e incluso al hecho de que su cadáver fuese arrojado a la misma fosa que Preciado.[33] Están vinculados a Xólotl los dos hermanos incestuosos, en cuya casa, precisamente, ve –y recuerda– Juan Preciado a la estrella vespertina.[34]

Todo esto se encuentra vinculado a ese aparentemente sencillo título que Rulfo pensó originalmente para su novela en las cartas a Clara y en la nota al pie de *Las Letras Patrias.* Tal entramado no estaba al alcance de los difusores de leyendas ("¿cuánto le faltaba por leer a la crítica para poder leer a Rulfo?", dijo Samuel Gordon). Sólo una escasa familiaridad con el análisis de obras de arte de cierta complejidad podría pasar por alto que el primer título que concibió Rulfo para su novela, que sostiene por muchos años y no abandona sin vacilaciones, tuviese mucho más que una importancia incidental para él.

En la revista *Universidad de México,* volumen VIII, número 10, del mes de junio de 1954, se publicaron (pp. 6-7) los fragmentos 41 ("Estoy acostada…") y 42 ("–¿Fuiste tú…"). La novela se anunciaba como *Los murmullos,* algo que los lectores entenderían en 1955: los "murmullos" aparecen de manera repetida, incluso una vez en el fragmento 42 del libro, mas no en

[31] "Una estrella", p. 65.

[32] "Una estrella", p. 68.

[33] "Una estrella", pp. 65.

[34] "Una estrella", pp. 68-69.

la versión de la revista: en 1955 Preciado dice "Se oye un murmullo," pero en la revista esto era "Se oye una voz." Rulfo sabe qué implicaciones tienen sus títulos tentativos, aunque los adelantos de las revistas no permitiesen a ningún lector de 1954 ver tras *La estrella junto a la luna* y *Los murmullos* el contexto a que aluden. Pero hay algo más en el adelanto de esta revista de junio. En el que será el fragmento 42 Dorotea hace un resumen de mucho de lo que sabremos en las secuencias finales de la novela, sobre todo a partir de la muerte de Susana. Dice que está enterrada junto a ellos –sospechamos así que pueden estar igualmente muertos–, que fue la última esposa de Pedro Páramo y que estaba loca. Recuerda que Susana murió hace mucho tiempo y que no era niña cuando dejó el pueblo. De su partida sabrán los lectores de 1955 en el fragmento 10: "El día que te fuiste...." Pedro Páramo ya está en *Universidad de México* sentado en un equipal viendo el camino del panteón, desinteresado de todo y desalojando sus tierras: esto tiene un eco directo y casi textual en el inicio del primero de los tres fragmentos (67 a 69) finales de la novela, aparecidos en la revista *Dintel* tres meses después.

Dorotea recuerda en 1954 las despedidas de la gente –los "adioses": sólo aquí sabremos de este episodio– y aparece por vez primera el nombre de Comala. Habla de los objetos dejados por los que se iban (que Eduviges, lo sabremos en 1955 por el fragmento 5, les guardaba), y de Pedro Páramo "como un espantapájaros frente a las tierras de la Media Luna" (el nombre de la hacienda aparece en *Las Letras Patrias* y reaparecerá en *Dintel*). Al final la *Cuarraca* evoca la revuelta de los cristeros, la leva de los hombres que quedaban y el hambre, para afirmar que tanta calamidad se debía a la reacción del cacique por la muerte de Susana. La peculiar síntesis hecha por Rulfo en boca de Dorotea proporciona una idea tangible del avance que tenía Rulfo hacia mayo de 1954. Es también lo que más podrían lamentar los creyentes en la leyenda de la colaboración de alguien en la definición de la secuencia de los fragmentos de la novela. Por otra parte, tenemos una idea muy clara, ya en *Universidad de México*, sobre quiénes son Susana San Juan y Pedro Páramo, presentes en el informe del 1 de noviembre de 1953.

Finalmente, en *Dintel* número 6, de septiembre de 1954, se publicaron (pp. 9-14, 19-20) los tres últimos fragmentos (67, 68 y 69) de la que aún se anuncia, en la nota final, como la novela *Los murmullos*, aunque en la primera página dedicada al adelanto éste se anuncie sólo como "Comala". Comienza con el cacique sentado en su viejo equipal junto a la puerta de la Media Luna, enlazándose así con el fragmento 42. Piensa en Susana, como también decía Dorotea en *Universidad de México*, y esto podría remontarse al fragmento 6, que dirá, en 1955: "Pensaba en ti, Susana", evocando los papalotes. El siguiente fragmento tiene variaciones en algunos nombres y menciona al cura que anda "en la revuelta", vinculándose de nuevo con lo dicho por Dorotea en el que será el fragmento 42. Se habla de "Damiana" como un personaje ya familiar. En el último fragmento aparece de nuevo Pedro Páramo sentado en el equipal, dirigiéndose a Susana. Todo muy parecido a la versión definitiva, aunque en la línea final Pedro Páramo no responde a la pregunta de Damiana, y podemos suponer que ha muerto. En la versión definitiva hay una reacción: "Pedro Páramo respondió: Voy para allá. Ya voy." Las primeras palabras de Pedro en la novela, en el futuro fragmento 6, son: "–Sí, mamá. Ya voy," que repite al final del fragmento: "–Ya voy, mamá. ya voy" (se cierra el círculo, y hay quien ve azares en esta novela), hace un intento de caminar, con ayuda de Damiana, cae sin decir una palabra y queda muerto.

Es posible que Rulfo terminase esta versión previa a la definitiva hacia julio, para aparecer en el número de septiembre de *Dintel*. El final de 1955 sería un poco posterior y aparece ya en la copia al carbón (con algunas correcciones) depositada en el Centro Mexicano de Escritores hacia principios de agosto (antes de las vacaciones). Conserva unas semanas el original, hace sobre él más correcciones a mano y lo entrega en septiembre al editor, como él mismo dijo: "Al fin, en septiembre de 1954, fue entregado al Fondo de Cultura Económica."[35] Según Samuel Gordon, "Arnaldo Orfila y Alí Chumacero, respectivamente director y jefe de producción del Fondo de Cultura Económica, le urgían a entregar el libro. A fines de septiembre de 1954 se comenzó a procesar el manuscrito en la editorial."[36] Al aparecer la novela en marzo de 1955 su recepción tuvo gran eco, como puede verse en el libro de Jorge Zepeda ya citado, y nadie recordó más las revistas. Entre ellos, los aludidos por Pacheco en 1977. Poco después los hallazgos de Galaviz y Ruffinelli (las tres revistas y la copia al carbón en el Centro Mexicano de Escritores) hacían aún más evidente la imprudencia (para su propia reputación) de los repetidores de la leyenda. De hecho, hicieron uso de su imaginación hasta extremos que causan asombro.

López Mena incursionaba, en el texto antes citado y a partir de las observaciones de Galaviz, sobre las diferencias existentes entre tres versiones de la novela: los textos aparecidos en las revistas, la copia al carbón del Centro Mexicano de Escritores y el original entregado al Fondo de Cultura Económica (que, según me dijo en 1998, no pudo revisar bien), lo que le permitía comparar el avance del texto de Rulfo en diferentes momentos y refutar una vez más a los legendarios "colaboradores" de Rulfo. Claude Fell lo advierte al presentar *Juan Rulfo, toda la obra*, a pesar de que no existe ahí todavía un análisis a fondo del problema, aunque sí suficientes evidencias para calibrar la calidad de la leyenda de las "colaboraciones": "El propósito principal de la presente edición responde a un triple objetivo [cito sólo el inicial]: primero, comparar los manuscritos de Rulfo con las distintas y múltiples ediciones de Rulfo sus textos, para demostrar de manera rotunda y definitiva que las obras publicadas de Rulfo no les deben nada a supuestos asesores que hubieran 'arreglado' o 'mejorado' los textos en el momento de editarlos."[37]

A lo anterior puede agregarse lo que tantos estudiosos han dicho sobre la estructura de la novela (me remito a José Riveiro Espasandín, quien recoge una parte importante de estos trabajos y los cita parcialmente, además de proponer su propio análisis, notable, de esta estructura),[38] relacionándola con los hallazgos de la vanguardia literaria de la primera mitad del siglo XX. Pero si una lectura cuidadosa de *Pedro Páramo* permite ver la sólida trabazón de sus

[35] Juan Rulfo, "*Pedro Páramo* treinta años después", en *La recepción inicial*, p. 337.

[36] "Juan Rulfo: una conversación", p. 57.

[37] "Introducción del coordinador", en *Juan Rulfo, Toda la obra*, p. XXIII.

[38] José Riveiro Espasandín, *Juan Rulfo, Pedro Páramo*, Laia, Barcelona, 1984.

partes, algunos de sus primeros lectores no estaban dispuestos a aceptarla (como ya señalaba Pacheco), calificando su estructura como arbitraria o caótica. De esto se ha ocupado también Jorge Zepeda, y el tópico tiene importancia ya que la más conocida versión de la leyenda de la coautoría de *Pedro Páramo* se sustenta, de manera implícita, en la supuesta deficiencia o carencia de esa estructura. La proclamada intervención exige, según algunas versiones de la leyenda, un manejo desenfadado de las partes de la novela, como un rompecabezas que pudiera armarse de distintas maneras. La paradoja no es irrelevante: el pretendido coautor de la "estructura" de *Pedro Páramo*, obtenida al cambiar unas cuartillas de lugar, o impidiendo que algunas pasaran al cesto de los papeles, reclamaba parte del mérito de la misma, pero no dejaba por ello de concebir la novela como un "caos", o como algo cuyo resultado pudo ser muy diferente si la casualidad hubiese querido otra cosa.

Existe una manera de abordar esa irremediable contradicción, encerrada en el corazón mismo de la leyenda. Conviene por ello recurrir a Pierre Bourdieu en el terreno del análisis de la producción de las obras de arte:

Para que las osadías de la búsqueda innovadora o revolucionaria tengan posibilidades de ser concebidas, tienen que existir en estado potencial en el seno del sistema de posibilidades ya realizadas, en forma de *lagunas estructurales* que parecen estar esperando y pidiendo ser colmadas, en forma de direcciones potenciales de desarrollo, en forma de vías posibles de búsqueda. Más aún, hace falta que tengan posibilidades de ser recibidas, es decir aceptadas y reconocidas como "razonables", por lo menos por un reducido número de personas, aquellas mismas sin duda que habrían podido concebirlas.[39]

En el México de 1955, como ha sido cabalmente documentado por Zepeda, hubo ya críticos que evidenciaron no pertenecer al "reducido número de personas" capaces de reconocer como "razonables" las innovaciones estructurales de *Pedro Páramo*, pero no deja de ser curioso que el protagonista de la leyenda de la coautoría estructural no demostrase estar entre los que podían apreciar la complejidad de la novela de Rulfo. La conclusión obligada es que es muy dudoso que tal protagonista pudiera decir la verdad. Como si Cristoforo Solari y el Dr. Atl reclamasen la autoría de unas obras que, en otro momento, demostrasen comprender y apreciar muy poco.

Entre las leyendas que ocupaban en 1992 a Ruffinelli están las recogidas en 1980 por Galaviz, que atribuían a Alí Chumacero y Antonio Alatorre el papel de "asesores" de Rulfo en la definición de la estructura de la novela. El primero, encargado del cuidado editorial en el Fondo de Cultura Económica, aparece en el colofón de la primera edición de *Pedro Páramo*: "Cuidaron la edición José C. Vázquez y Alí Chumacero". No permite una participación semejante "ni Chumacero lo pretendía" hablar de alguna posible "coautoría". En cuanto a Alatorre, era uno de los editores de la revista *Pan* de Guadalajara, en la que Rulfo publicó, además de

[39] Pierre Bourdieu, *Las reglas del arte. Génesis y estructura del campo literario*, trad. de Thomas Kauf, Anagrama, Barcelona, 1995, p. 349.

hacerlo en *América*, dos de sus cuentos. Posteriormente se convirtió en profesor y su relación con Rulfo, deteriorada en los últimos años, lo llevó a integrarse a los difusores de la leyenda. Es insistente en sus menciones de la "fama" de Rulfo, que parecía disgustarlo mucho. Al saber años después de la atribución que se le hacía de la "coautoría" se vio obligado a desmarcarse de ella, como veremos, sumándose a la versión que divulgó Juan José Arreola,[40] al menos mientras no advirtió que ésta se apoyaba sobre suelo débil, haciendo a última hora un intento de corrección. En cuanto a Chumacero, primero en poner reparos a *Pedro Páramo* por su estructura, no sostuvo por sí mismo la supuesta intervención a su cargo –invento de otros–, como Marco Antonio Campos documentaba en 2003:

[...] últimamente, con motivo de los cincuenta años de la publicación de *El Llano en llamas*, ha vuelto a circular la versión de que *Pedro Páramo* quedó tan bien como novela porque la mano prodigiosa de Alí Chumacero la perfeccionó cuando trabajaba como corrector en el Fondo de Cultura Económica. Yo oía ya esta fábula desde fines de los años sesenta, cuando empezaba a escribir, y en 1972, cuando conocí a Alí Chumacero le pregunté si era cierta la especie. Desde esa primera vez (estábamos en la gran biblioteca de su casa) con toda honestidad lo negó enfáticamente y me dijo que apenas había hecho dos mínimas correcciones sin ninguna relevancia; en los treinta y un años de trato más o menos frecuente que he tenido con él jamás ha modificado un ápice lo dicho. Aún más: a principios de los años ochenta, cuando solía reunirme con Juan Rulfo las tardes dominicales en la cafetería de El Ágora, pregunté al propio Rulfo sobre el hecho. Hizo una mueca de desdén muy típica en él, y dijo con algún enfado pero de manera rotunda: "No modificó nada." De nada han servido las aclaraciones.[41]

Empero, no está de más citar una entrevista realizada a Chumacero cuatro días después de la muerte de Rulfo, donde insiste en este deslinde pero apunta ya hacia quien adoptaría el papel protagónico en la leyenda, mejor dotado para ello, sin duda, ya que tuvo una carrera de histrión:

---

[40] Antonio Alatorre, "La *persona* de Juan Rulfo", originalmente en *Revista Canadiense de Estudios Hispánicos*, XXII, 2, Invierno de 1998 (pp. 165-177), luego en *Literatura Mexicana*, IX, 2, 1998 (pp. 369-386) y finalmente en *Literatura Mexicana*, X, 1-2, 1999 (pp. 225-247). El artículo, en las tres versiones, contiene un texto leído el 31 de octubre de 1996 en Ottawa, con variaciones en la presentación y las notas. El tema se abordará más adelante con detalle.

[41] "Los falsos rumores"; Marco Antonio Campos precede la parte que dedica a la leyenda de *Pedro Páramo* con notas dedicadas a "rumores" semejantes sobre el suicidio de Manuel Acuña, supuestamente a causa de Rosario de la Peña, o sobre Ramón López Velarde, reprobado en el curso de Literatura en la preparatoria, o sobre Mario Vargas Llosa, "expulsado" de México por su intervención en un programa de televisión de Octavio Paz. Termina Campos con el caso al que quería llegar, *Pedro Páramo*, no sin dar, para los cuatro, las pruebas pertinentes sobre la falsedad de esos rumores, y concluye: "De nada han servido las aclaraciones. Luego de cuarenta y ocho años de la publicación de *Pedro Páramo*, la especie, como las tres antes citadas, se sigue divulgando y tomándose como cierta. Y ¿qué hacer? Tratando de explicarme los hechos, me digo que, pese a pruebas documentales y testimoniales, a las aclaraciones y los desmentidos, la mentira o la falsedad, cuando son atractivas o morbosas, acaban, a fuerza de repetirse, siendo más verdad que la verdad, y la leyenda, buena o mala, con sus deformaciones o invenciones, termina venciendo."

A propósito de *Pedro Páramo* se ha dicho mucho y se sigue diciendo aun por escrito que yo le corregí y le armé sus capítulos. Esto ha sido una broma de gusto muy dudoso que siempre he tratado de hacer desaparecer de la conciencia de los malintencionados. Yo no puse ni punto ni coma. Fui el simple corrector de pruebas que cuando cambié el sitio de alguna coma o punto y coma.

Salvo ese detalle, la totalidad de la redacción no fue tocada, ni podía hacerlo, ni lo permitiría el autor [...].

Yo hice un comentario a la salida de *Pedro Páramo* que nunca fue adverso pero que contenía algunas consideraciones relacionadas con la estructura de la novela. Escrita en dos planos que, según sé, el mismo Juan distribuyó de acuerdo con la ayuda de Juan José Arreola. Señalé que hacía falta en el transcurso de las relaciones algunas escenas que les prestaran mayor coherencia. Ya Juan Rulfo habló de cómo destruyó más de cien páginas, entre las cuales sospecho podría estar esa o esas escenas que yo hacía notar resultaban necesarias para la total coherencia de la narración.[42]

El rumor de los "colaboradores" de Rulfo cambiaba de protagonista cada vez que uno se deslindaba de la historia para atribuir a otro ese papel: Chumacero a Arreola, como acabamos de comprobar o, como veremos y hablando de sí mismo, Alatorre a Chumacero, cuando dudó sobre Arreola al saber de la existencia de dos de las revistas de 1954. Pero Alatorre tuvo éxito en convencer al que se mostró mejor dispuesto a desempeñar ese papel: Juan José Arreola.

UN TENAZ PROTAGONISTA

A dos semanas y unos días de la muerte de Juan Rulfo aparecía en público un tenaz protagonista de la leyenda, a propuesta de otros pero también por iniciativa propia, según las circunstancias, ya fuese solo o acompañado. La revista *Proceso* número 482 (27 de enero de 1986) titulaba en la portada "Monólogo de Arreola sobre Rulfo" algo que en la página 45 se presenta como "una conversación con Vicente Leñero, Federico Campbell, Juan Miranda y Armando Ponce". Arreola adopta ahí el papel de quienes inspiraron el texto de Javier Marías. Conviene así, me parece, ampliar la cita del autor español:

Con semejantes desengaños, suelo tomarme a beneficio de inventario los cien mil relatos y anécdotas que corren sobre los famosos finados, y que hoy son una plaga. No digamos los ataques póstumos, que a menudo son meras calumnias y difamaciones sin contestación posible por parte de los acusados. El trato con los muertos ofrece innumerables ventajas: es gente que no se enfada, no protesta, no desmiente, no nos afea nuestra conducta, una delicia de gente mansa. Por eso sorprende tanto que los medios de comunicación no estén prevenidos contra tanto testimonio retrospectivo y casi siempre escandaloso, incluidos los de muchos biógrafos pretendidamente serios y exhaustivos. [...] Dan por buenos y verídicos los relatos de quienes acaso guardaban al muerto

---

42 "No creía mucho en su obra, le parecía que no tenía valor, dice Alí Chumacero," entrevista de Patricia Cardona a Alí Chumacero, *Unomásuno*, 11 de enero de 1986, recogida en *Los murmullos. Antología periodística en torno a la muerte de Juan Rulfo*, Delegación Cuauhtémoc, México, 1986 (pp. 150-152), p. 151; en adelante, "No creía mucho en su obra."

rencores sin fin si no odio, despecho o acumulados agravios; también los de quienes son simples mitómanos, seres fantasiosos que acaban creyéndose sus invenciones o adornos. Pocas cosas gustan tanto como "hacerse el enterado", haber presenciado en exclusiva hechos insólitos, "poseer la clave" de algo o estar al tanto de secretos.[43]

Los periodistas mencionados recibieron el relato de Arreola de manera muy distinta que Ruffinelli, puesto que desconocían la investigación de Galaviz. La personalidad del autor de *Confabulario* se prestaba para cumplir con el papel que esperaban de él. Alguien que lo conoció muy bien, el pintor y paisano suyo Juan Soriano, dijo en una entrevista:

Era conflictivo Juan José. Armaba grandes chismes e inventaba de más. [...] Además era muy fantasioso y susceptible, pensaba que no se le daba el valor que se merecía en México. Pero en realidad él perdía más tiempo haciendo pequeñas representaciones en cualquier lugar. Y uno esperaba más cosas de él como escritor. [...] No hubo forma en que se apoyara para desarrollar su talento, le faltaba compromiso consigo mismo. Tenía una fuerte inspiración, pero la disciplina es más importante. Escribió poquísimo. Todo se le fue en hablar.[44]

Lo que dijo Arreola llama la atención por el contraste que significa con lo que el análisis de las revistas de 1954 arroja, sin considerar todavía las características físicas del original de *Pedro Páramo* y su copia al carbón, que mucho tienen que decir (algo he adelantado) sobre esta versión. Cito el llamado "monólogo" de Arreola:

Pero lo más importante en mi vida con respecto a Juan fue hacerle deci[di]r que publicara *Pedro Páramo* en su aspecto fragmentario, que ya no intentara hacer una unidad y una sucesión cronológica aristotélica. Es lo que yo no me atribuyo: es lo que me corresponde, porque un sábado en la tarde lo hice decidir a Juan, y el domingo se terminó el asunto de acomodar las secciones de *Pedro Páramo* y el lunes se fue a la imprenta del Fondo de Cultura Económica. Los dos solos, en la calle de Nazas, a cuadra y media del Fondo. De sábado a lunes salió *Pedro Páramo* por fin porque de otra manera no iba a salir nunca. Lo que me atribuyo, y es la historia verdadera, es que logré hacerle decidir a Juan que *Pedro Páramo* se publicara como era, fragmentariamente. Y sobre una mesa enorme entre los dos nos pusimos a acomodar los montones de cuartillas.

Dios existe. Yo creo en Dios. Esa tarde existió. Y no tiene más mérito que el haberle dicho a un amigo: Mira, ya no aplaces. Es *Pedro Páramo* así.

Me acuerdo de un monólogo que Juan me había leído en Guadalajara y no estaba ahí: el monólogo de Susana San Juan en la sepultura. Empezaban los murmullos con la mujer dormida en la tumba, diciendo: "Te acuerdas". Ese fragmento ya no existe. Y yo leí *Pedro Páramo* en puros

[43] "Ladrones".

[44] "Vivo por el arte", entrevista de Javier Galindo Ulloa con Juan Soriano, *La Jornada Semanal*, 682, 30 de marzo de 2008 (pp. 8-10), p. 8.

originales. Esto es lo más hermoso de todo. Yo no he leído *Pedro Páramo* impreso. Nunca lo leí, para quedarme con la impresión de ese caos. Y no se me olvida ese monólogo: era una auténtica voz de mujer que salía del centro de la tierra. La semilla enterrada. "Sí, yo te quise. Yo quise entenderte. ¿Qué era lo que tú querías? Si me querías a mí, si querías la tierra, si querías la tormenta, ¿qué querías, Pedro Páramo?" Ella era un monólogo. Era una mujer totalmente horizontal en el fondo de la tierra, con la tierra encima: "Dime, ¿qué querías de mí?" Era una cosa muy bella, muy tremenda. Una semilla hablando. Una matriz hablando a través de los labios de la tierra.[45]

No deja de sorprendernos que los participantes en la "conversación" (como también se le llama) creyesen que la forma final de una compleja obra literaria se pueda improvisar en unas pocas horas, como se acomodan naipes sobre una mesa. Y si continuamos con el análisis de esta historia es sólo para documentar un caso concreto de escenificación de la leyenda en su cambiante historia. Hay aquí contradicciones irresolubles: ¿qué debemos entender cuando Arreola consigue "hacer decidir" a Rulfo algo sobre el estado fragmentario de la estructura de la novela, convenciéndolo de que no lo modificara (y que la obra "se publicara *como era, fragmentariamente*"), cuando Rulfo ya hablaba de fragmentos en 1953 y los publicaba en 1954 en entregas cuyo orden es el que tendrán en la versión completa de la obra? ¿Qué quiere decir con "el asunto de acomodar las secciones de *Pedro Páramo*", o "acomodar los montones de cuartillas"? Como si el peculiar original de la novela, del que me ocuparé después, tuviese alguna relación –así sea remota– con lo que sugieren estas palabras. ¿Imaginaba Arreola el mecanuscrito que habría visto en manos de Rulfo como un mazo de cartas, con un fragmento por cuartilla, que permitiría pasar cualquiera de sus componentes de una parte a otra de la mesa y con ello de ubicación en la novela? Esta fantasía responde sólo a la necesidad de hacer creíble con supuestos detalles su narración. En este punto tampoco es difícil asociar la leyenda construida por Arreola (que tiene un segundo capítulo) con el posible modelo al que habría recurrido –quizá conscientemente– como guión para la misma: la historia de la relación de Ezra Pound con T.S. Eliot en la revisión del texto de *The Waste Land*, con el primero desechando partes de la versión original del poema para cambiar su intención.[46] Se afirma que "Pound le impuso un orden que no poseía originalmente"[47] a *The Waste Land*, y si bien durante algún tiempo esta versión concedió a Pound un aura prestigiosa, la crítica posterior ha establecido asimismo que "visto en retrospectiva, se puede decir con toda justicia que Pound no entendió del todo bien la naturaleza esencial del genio de Eliot."[48]

La leyenda según la versión que aquí nos ocupa nació con otros problemas que no todos podían advertir. Arreola habla de "Nazas" para referirse al departamento de los Rulfo en la calle de Río Nazas 45-B, donde vivieron de finales de 1954 o principios de 1955 a 1959. Pero

[45] "¿Te acuerdas de Rulfo?, Juan José Arreola?" *Proceso*, 10, 482, 27 de enero de 1986, p. 51 (pp. 45-51).

[46] Peter Ackroyd, *T.S. Eliot*, trad. de Tedi López Mills, Fondo de Cultura Económica, México, 1992.

[47] *T.S. Eliot*, p. 122.

[48] *T.S. Eliot*, p. 121.

Juan Rulfo escribió *Pedro Páramo*, íntegramente, en el departamento 1 de Tigris 84. La mudanza se hizo después de la entrega de la copia al carbón y del mismo original. La edición de la novela, impresa en marzo de 1955, si llegó a sus manos en Nazas: por ello podría el mismo Rulfo recordar mal las cosas, afirmando en un texto de 1985,[49] ampliamente reproducido en los días posteriores a su muerte, que había escrito la novela en Nazas. La mudanza era necesaria porque el departamento de Tigris era pequeño y Clara esperaba el nacimiento de su tercer hijo, Pablo, quien llegó en abril de 1955, ya en Nazas. Lo probable es que Arreola haya leído el mencionado texto de Rulfo en la prensa y retuviese el domicilio erróneo. Pero el periodista Emmanuel Carballo, quien era su vecino en Tigris y compañero de generación de Rulfo en el Centro creado por Margaret Shedd, recuerda:

Rulfo y yo éramos becarios en el Centro Mexicano de Escritores y vivíamos en el mismo edificio: en Río Tigris 84, en la colonia Cuauhtémoc, él en el departamento uno y yo en el cinco. Nuestro trato por ambas causas era muy frecuente. Por estas razones, y además porque éramos amigos y coterráneos, conocía los originales de su novela, se los escuché tanto en el Centro de Escritores como en mi casa y en la suya.[50]

A diferencia de lo que algunos piensan y que Arreola mismo repetía, la amistad entre él y Juan Rulfo no fue nunca cercana: tuvieron dificultades a finales de los años cuarenta, y a Clara Rulfo le sorprende que Arreola dijese que estuvo alguna vez en su casa, sea en Tigris o Nazas. Esto nunca ocurrió. Me dijo asimismo quiénes sí iban a casa de ellos en los años de la colonia Cuauhtémoc: el matrimonio de los españoles Elvira Gascón –pintora y autora de la viñeta de la camisa de la primera edición de *El Llano en llamas*– y su marido, el arquitecto Roberto Fernández Balbuena; Carlos Fuentes, quien llegó a visitarlos un par de veces; Efrén Hernández y Beatriz Ponzanelli, su esposa, aunque al vivir ellos en Tacubaya coincidían en otros lugares. Iban también Elena Garro y el escritor y cineasta Archibaldo Burns, o el fotógrafo y director de cine Antonio Reynoso, así como el también director Carlos Velo (quien vivía en el departamento C de Nazas), el fotógrafo Rafael Corkidi, el actor y director Rafael Baledón, la periodista *Bambi* (Ana Cecilia Treviño), el pintor Pedro Coronel (también su vecino en el mismo edificio de Nazas) o los escritores guatemaltecos Carlos Illescas, Mario Monteforte y Augusto Monteroso.

Los Rulfo, en cambio, sí aparecían por casa de los Arreola, donde tenían lugar reuniones más abiertas y amplias, nunca íntimas. Tal vez por ello otros, como Juan Villoro, han transmitido una versión alternativa de la leyenda con la casa de Arreola como escenario (una peculiaridad de las leyendas es su variabilidad). Dice Villoro:

Los orígenes de *Pedro Páramo* ya pertenecen a la hagiografía y una escena canónica se repite entre los feligreses. En una mesa de ping-pong hecha por Juan José Arreola (con la famosa laca china

[49] "*Pedro Páramo* treinta años después", en *La recepción inicial*, pp. 335-341.

[50] "A veinte años de la muerte de Juan Rulfo", *Universidad de México*, Nueva época, 34, diciembre de 2006, p. 21.

que garantizaba el bote de 17 centímetros), Juan Rulfo desplegó las cuartillas que había escrito en desorden. Su idea original consistía en escribir una trama lineal y en las discusiones con Arreola decidió integrar un todo fragmentario, urdido con yuxtaposiciones y escenas contrastadas como los vidrios rotos de un caleidoscopio. Escenario donde mana un tiempo detenido, un pasado siempre actual, *Pedro Páramo* sólo podía concebirse como un continuo de prosa interrumpida.[51]

En esta versión, narrada con creatividad, subyace la misma hipótesis: que la estructura de una obra literaria puede obtenerse mediante la manipulación física de unos papeles sueltos sobre una mesa, durante unas pocas horas. La mesa de ping-pong, claro, estaba en casa de Arreola. En otra escenificación de la leyenda el decorado vuelve a ser la casa de Rulfo: Arreola habría casi sorprendido a Rulfo trabajando en la novela, y no olvida precisar que esto sucedía en la mesa del comedor del pequeño departamento de los Rulfo en Tigris. Volveré a esto.

Por lo demás, Clara Rulfo considera que Juan Rulfo podría haber mostrado a Efrén Hernández, si acaso, y sólo a él, su manuscrito. Lo dice con reservas. Hernández y Rulfo se frecuentaban y se tenían gran confianza (Hernández dio su firma como aval para que los Rulfo rentasen el departamento de Nazas, por ejemplo); a pesar de todo, dice Clara, Juan Rulfo no consentía que alguien pudiera convertirse en su consejero. Y en cuanto al "monólogo" de Arreola, la segunda parte del mismo es igualmente conflictiva para la verosimilitud de la inicial: dice que nunca ha leído *Pedro Páramo* impreso sino en "puros originales" (es lo más hermoso de todo"), y que recuerda un monólogo de Susana San Juan en la sepultura que "ya no existe". Pero existe: apareció precisamente en la revista *Universidad de México* y está en la novela, sin cambios. Puede ser que Arreola nunca hubiera leído *Pedro Páramo* en libro, pero es dudoso que no supiera de los adelantos aparecidos en las revistas de 1954. Y no sólo: Arreola era becario del Centro Mexicano de Escritores durante el mismo período en que Rulfo leía ahí los adelantos de su novela. Rulfo mismo lo recordaba en 1985: "En las sesiones del Centro, Arreola, Chumacero, la señora Shedd y Xirau me decían: 'Vas muy bien'."[52] ¿Podría ignorar Arreola que algo de lo que Rulfo leía en el Centro aparecía poco después en las revistas de 1954? También pudo Arreola haber escuchado la grabación que Rulfo hizo del mismo fragmento para el disco de la colección Voz Viva de México aparecido en 1963. Cita

---

[51] Juan Villoro, "Rulfo: Lección de arena", *Nexos*, XXII, 260, agosto de 1999 (pp. 79-85), p. 84. Una versión de este texto (muy similar, posiblemente la misma) fue leída por su autor el 5 de junio de 1997 dentro del coloquio *Lichtblicke: Mexikanisch. Photographische Notizen des Dichters Juan Rulfo*, que tuvo lugar en la Universidad de Bielefeld, Alemania. Al comentar yo con Villoro la parte aquí citada de este texto, apenas terminada su lectura, otros asistentes al coloquio recordaron una versión similar del relato escuchada por ellos de los labios de Arreola en reuniones académicas que habían tenido lugar en los años entonces recientes. Seguramente son muy numerosas las personas que oyeron, narrada por el mismo Arreola, alguna versión de su historia, que nunca escribió: "todo se le fue en hablar", recordaba Soriano. En cuanto a lo de la "hagiografía", la "escena canónica" y los "feligreses", cabe suponer que son referencias irónicas, por parte de Villoro, a la reputación de "leyenda" del relato de Arreola. No obstante esta aparente distancia crítica, no abandona Villoro la leyenda en su artículo, redactado cuando Galaviz y Ruffinelli habían publicado ya sus textos.

[52] Juan Rulfo, "*Pedro Páramo* treinta años después", en *La recepción inicial*, p. 336.

Arreola ese "¿Te acuerdas?" para dar un ejemplo de su contenido. Al menos eso lo recordaba bien, aunque sin sentido. Susana dice, en efecto: "¿Te acuerdas, Justina?" en el fragmento "inexistente". Donde no pudo ayudar la memoria a Arreola fue en las otras palabras que "cita", de muy escasa verosimilitud. Excepto en los pasajes de la infancia, Pedro Páramo no parece existir para Susana San Juan y ella sólo recuerda, en la tumba, la muerte de su madre. En vida y desde su regreso a Comala sólo piensa en Florencio y aparte de él no parecen existir sino Justina, su padre y el cura. Responde dos veces a su padre con un "Sí, Bartolomé", indiferente, cuando éste le pregunta sobre Pedro Páramo. Expresiones como las que recita Arreola: "Sí, yo te quise. Yo quise entenderte. ¿Qué era lo que tú querías? Si me querías a mí, si querías la tierra, si querías la tormenta, ¿qué querías, Pedro Páramo?", o "Dime. ¿qué querías de mí?" pueden pertenecer a las interpretaciones que hacen algunos de la novela de Rulfo (como la que agrega también Arreola: "una semilla hablando. Una matriz hablando a través de los labios de la tierra"), expresiones ensayísticas que Rulfo, ocasionalmente (como en la entrevista de 1979 que cito después), declaró evitar en su literatura. Quizá Arreola sólo recordaba a medias alguna de las lecturas de Rulfo en el Centro Mexicano de Escritores. O improvisaba ante los periodistas de *Proceso* (una foto que acompaña el reportaje sugiere que la conjetura no es aventurada).

Tampoco se entiende cómo pudo leer Rulfo nada a Arreola en Guadalajara, ya que en ese tiempo Rulfo, por supuesto, vivía en la ciudad de México, comprometido por el contrato firmado entre él y Margaret Shedd, ya citado, a "asistir a las reuniones que se lleven a cabo dos veces por semana en el Centro Mexicano de Escritores, y a estar presente en aquellas que el Centro señale como necesarias" (cláusula 4). Las faltas por ausencia se descontaban a la mensualidad de los becarios (cláusula 5) y tampoco podían éstos dedicar su tiempo a otras labores, excepto en forma marginal (cláusula 3).

Otra versión de la leyenda de Arreola ha sido transmitida por Antonio Alatorre. Como ya he adelantado, tratándose de Rulfo, Alatorre tenía una obsesión: "¡La fama, la maldita fama!"[53] Pronunció una conferencia en Ottawa en 1996, publicada por primera vez en 1998 en la *Revista Canadiense de Estudios Hispánicos*, donde trata de ajustar cuentas con Rulfo. Apareció de nuevo en 1998 en *Literatura Mexicana*, con una nota que califica la primera versión como incompleta ("mutilada"). Una comparación cuidadosa de ambas (una tercera, de 1999 y también en *Literatura Mexicana*, corrige erratas, aunque no únicamente) muestra que las principales diferencias en el texto básico de Alatorre son poco significativas: de "estilo". En la segunda versión cambia el resumen de las razones de su participación en el coloquio de Ottawa. y agrega un párrafo inicial sobre las razones de su participación en el coloquio de Ottawa. En la tercera, de 1999, cambia de nuevo el resumen por otro aún más agresivo contra Rulfo y corrige las erratas. Este texto "triple" no es la primera muestra de la actitud que movió a Alatorre a ocuparse de la "persona" de Juan Rulfo, aquí más bien como autor literario.

Retomando las diferencias entre las dos primeras versiones, las más significativas se localizan en las últimas notas: en la 9 agrega Alatorre un párrafo intermedio para calificar, prácticamente, de "folklórica" la literatura de Rulfo (así, la "mutilación" previa habría afectado sólo esta

---

[53] "La *persona* de Juan Rulfo", *Revista Canadiense de Estudios Hispánicos*, XXII, 2, invierno (pp. 165-177), p. 174.

parte). Las notas 11 a 17 son todas nuevas. Las cinco primeras (11 al 15) no tienen relación directa con el tema central de su texto, que aborda sobre todo la legendaria colaboración de Arreola, pero es sintomático que las dos últimas (16 y 17) contengan aspectos medulares del tema y se ubiquen, sin embargo, en una posición subordinada, además de plantear a Alatorre problemas insuperables para su argumento a favor de Arreola. Lo más probable, leyendo ambas notas con cuidado, es que sean intentos tardíos para suplir una omisión comprometedora: Alatorre dice en el texto principal de la primera versión (y así continúa en las dos siguientes) que conocía la publicación de los fragmentos de *Universidad de México*. En la segunda versión agrega, en la antes inexistente nota 16, que se enteró de los fragmentos de *Las Letras Patrias* sólo "muchos años después",[54] lo que considera una "cosa rara". No es mención para una nota tratándose del tema de su texto, y puede verse más bien como el intento de corregir un fuerte tropiezo para el sentido de su argumentación, agravado porque no supo nada de la tercera revista.

La muy extensa nota 17 proporciona seguros indicios de lo que realmente debió pasar. Cita ahí un texto de Federico Campbell de 1985 en que éste se refiere de manera sucinta al trabajo de Galaviz. Alatorre no tiene más remedio que admitir que "sin duda existían (y existen) ciertas "leyendas" sobre la elaboración de *Pedro Páramo*", antes de pasar a Galaviz, quien menciona (lo hemos citado) a Alí Chumacero y al propio Alatorre como protagonistas de una de las leyendas, lo que aprovecha para declarar que "es falsa, falsísima, en lo que a mí se refiere. Después de 1945, como ya dije, mis contactos con Rulfo fueron muy exiguos y esporádicos. Pero creo que algo tiene de verdad en lo que toca a Alí Chumacero",[55] Se extiende así sobre la hipotética coautoría de Chumacero (pese a que éste había descartado repetidamente esta versión de la leyenda). Alatorre ignoraba la existencia de *Dintel*, significativamente, tampoco la menciona. Siendo una revista cuya circulación no podía competir con las del INBA y la UNAM debió pasar inadvertida para muchos. Chumacero pudo conocerla pero recordarla mal, como dice en la entrevista ya citada:

Su novela *Pedro Páramo*, que se supone escribió durante la beca que le dio el Centro Mexicano de Escritores, ya tenía el antecedente de que años antes había escrito algunos de sus capítulos en la revista *Hierba*. El mismo, retocado, lo volvió a publicar en la revista *Las Letras Patrias*, que dirigía Andrés Henestrosa.

Nunca hablaba de lo que escribía. Eso fue del 52 al 54. *Pedro Páramo* coronó la breve pero brillantísima carrera literaria.[56]

No conozco un ejemplar de *Hierba* que permita comprobar esto, pero al haberse unido el editor de dicha revista con los de *Dintel* y *Espiral* para dar lugar a *Metáfora*, Chumacero estaría confundiendo la segunda con la primera. Esta información me fue proporcionada

---

[54] "La persona de Juan Rulfo," *Literatura Mexicana*, IX, 2, 1999, p. 384, nota.

[55] "La persona de Juan Rulfo," *Literatura Mexicana*, IX, 2, 1999, p. 385, nota.

[56] "No creía mucho en su obra", pp. 151-152.

por Jorge Zepeda, quien la conoce por un artículo de Boyd Carter donde éste cita a Jesús Arellano: "Considerando que el asunto de publicar revistas era muy difícil en un medio tan hostil como el nuestro, me hice amigo de otros jóvenes editores: Enriqueta Ochoa de *Hierba*; Antonio Silva Villalobos de *Espiral*; y Carlos Ramos de *Dintel*; con estas amistades emprendimos la tarea de una nueva publicación que sumaría los esfuerzos de nuestras revistas e iniciamos la publicación de *Metáfora*".[57] Es difícil que se trate, como dice Chumacero, de una versión previa del inicio de la novela, si recordamos que la beca de 1952-1953 mantuvo a Rulfo ocupado con *El Llano en llamas*, y sus informes al Centro Mexicano de Escritores son elocuentes sobre su estrategia y avances de trabajo, compatibles con la publicación de los fragmentos de la novela en las tres revistas de 1954. En todo caso, Alatorre no estaba informado de mucho, y tampoco parecía familiarizado con los trabajos de Ruffinelli y López Mena. Si en realidad conoció (es decir, si leyó bien) los fragmentos publicados en *Universidad de México* no prestó atención al resumen que hace ahí Dorotea de buena parte del desarrollo posterior de la novela. Sobre los fragmentos de *Las Letras Patrias* no dice sino lo más notorio: que ahí se llama "Tuxcacuesco" (*sic*) el pueblo que será Comala. No sabía, desde luego, que Arreola nunca estuvo en casa de los Rulfo en Tigris o Nazas ni, con seguridad, que otros escucharon de Arreola que la escena había ocurrido en la mesa de ping-pong de su propia casa. Por cierto: Chumacero declaró algo (lo veremos) más ajustado al testimonio de Clara Rulfo que a lo dicho por Arreola sobre la reserva de Rulfo: "Nunca hablaba de lo que escribía". Pero veamos qué dice Alatorre:

Una *vez*, pocos meses antes de que saliera *Pedro Páramo* a la luz, me contó Arreola, en esencia, lo siguiente: "El otro día estuve en casa de Rulfo porque me pidió ayuda. Estaba en un atolladero, realmente angustiado por el plazo de entrega de su novela, y quería que le ayudara a hilvanar los pasajes que tiene escritos. Yo le dije: 'Mira, tu novela es como es, hecha de fragmentos, y así funciona muy bien. El orden es lo de menos.' Entonces puse en la mesa del comedor los distintos montoncitos de cuartillas, y comenzamos a acomodarlos mientras yo le decía: esto aquí, esto quizá después, esto mejor hacia el comienzo. Tardamos varias horas, pero al final Juan estaba ya tranquilizado."[58]

En esta versión los "montoncitos de cuartillas", debemos suponer, corresponden, cada uno, a un fragmento diferente, y sus posiciones también pueden intercambiarse con toda facilidad, como ocurre en las variaciones ya citadas. Dice igualmente Alatorre:

A fines de 1988, al recordar Arreola y yo este episodio en un diálogo público [...] él dijo que fueron dos las sesiones, y añadió algo que yo no recordaba. Lo cito: "Mira, en realidad no nomás estaba hecho todo *Pedro Páramo*, sino que hubo *Pedro Páramo* de más, que no conocimos nunca. Cuando yo llegué, esa tarde, ya había un cesto con muchas cuartillas rotas y él estaba en trance de seguir

[57] Boyd Carter, "Jesús Arellano y la revista *Metáfora*", *Hispania*, 45, 3, septiembre de 1962, p. 468.

[58] "La *persona* de Juan Rulfo", *Revista Canadiense de Estudios Hispánicos*, p. 173.

90

rompiendo." Sin decirlo expresamente, Arreola da a entender que él moderó esa furia destructo-ra, tan de Rulfo. Y, como para quitarle trascendencia a su intervención, añade esto: "Yo creo que cualquiera que fuera el orden que se diera a los fragmentos, existiría *Pedro Páramo* igual, dejando sólo la parte final exacta como está" (o sea que allí no hubo problema alguno: el final fue siempre el final).[59]

Como se ve, en 1988 Arreola incorporaba a la leyenda algo que en su versión de 1986, o en la difundida por Juan Villoro, no aparecía: la destrucción por Rulfo, en un breve lapso, de bue-na parte de las hojas que integraban la novela. Quizá había leído la entrevista que hizo Ernesto González Bermejo a Rulfo, publicada en 1979, donde aparecen esta pregunta y su respuesta:

–*No le digo nada nuevo si le digo que impresiona la concisión del libro.*
–Quité ciento cincuenta páginas a *Pedro Páramo*: había divagaciones, elucubraciones mías, intro-misiones, explicaciones, más propias del ensayo que de la novela. Saqué todo eso. Quería que el lector participara.[60]

Otro modelo para Arreola sería la nota con que Efrén Hernández presentó en 1948 el cuento "La Cuesta de las Comadres", no tan desconocida años después porque sería rescatada y citada por los investigadores. Una parte de la misma dice:

Cosas que en buena ley son de envidiarse, él, por hallarlas ruines, ha venido rompiéndolas, tirán-dolas, deshaciéndose de ellas, ¡para volver a hacerlas!

Nadie supiera nada acerca de sus inéditos empeños si yo no, un día, pienso que por ventura, adivinara en su traza externa algo que lo delataba; y no lo instara hasta con terquedad, primero, a que me confesase su vocación, enseguida a que me mostrara sus trabajos y, a la postre, a no seguir destruyendo.[61]

Muerto Hernández en 1958, Arreola podía pensar treinta años después no sólo en des-plazarlo como "descubridor" de Rulfo, sino en erigirse como verdadero coautor de su novela, sobre todo cuando percibió que la recepción de la obra de Rulfo había rebasado con mucho lo que sus antiguos conocidos pudieron imaginar. Pero el precio de creer en las distintas ver-siones de la leyenda protagonizada por Arreola no era menor: integrada *Pedro Páramo* por partes de no importa qué número, extensión y ubicación, que mudan de lugar o se suprimen con facilidad (es decir, con un simple manejo físico, como piezas de una baraja y no como partes de una obra literaria), para Arreola y Alatorre y quienes los repiten estas operaciones

[59] "*La persona de Juan Rulfo*," *Revista Canadiense de Estudios Hispánicos*, pp. 173-174.
[60] "Juan Rulfo: la literatura es una mentira que dice la verdad. Una conversación con Ernesto González Berme-jo," *Universidad de México*, XXXIV, 1, septiembre de 1979 (pp. 4-8), p. 4.
[61] Efrén Hernández ("Till Ealling"), *América*, 55, 29 de febrero de 1948, pp. 31-32, nota.

no producen cambio alguno de importancia en la obra, ya que cualquier extensión o acomodo vale lo mismo y todo es un caos. Pensemos sólo en qué clase de lectura de *Pedro Páramo* encierra esta concepción de la literatura, tan contrastante con la adoptada por lectores más exigentes, nada escasos, que no asumirían con tal desenfado semejante idea sobre la "plasticidad" (para llamarla de alguna manera) de la novela de Rulfo. Alatorre parece haber percibido tardíamente que la existencia de las revistas de 1954 –dos para él–, más la copia al carbón estudiada por Galaviz, que prefirió no mencionar en su nueva nota 17 –y eso sí es "cosa rara" (además de ignorar qué relación guarda con el original)–, ponía en aprietos no sólo a Arreola sino a él mismo como aval de la historia. Decidió intentar un arreglo que, inevitablemente, no solucionaría nada. Agrega en la mencionada y muy reveladora nota 17 de la segunda versión:

No me parece posible que entre junio de 1954 (cuando se publicó el fragmento de "Los murmullos") y el 19 de marzo de 1955 (cuando "se acabó de imprimir" *Pedro Páramo*) haya tenido Rulfo la calma necesaria para introducir las muchas correcciones "de estilo" (debidas en buena medida a prurito gramatical) que presenta el texto definitivo frente al "fragmento". Este procede sin duda del original que estaba ya procesándose en el Fondo de Cultura Económica, y se publicó en *Universidad de México* como anticipo o "reclamo." Tengo para mí que estas correcciones se deben a la mano de Alí Chumacero, que era corrector de pruebas en el Fondo: según el colofón, "cuidaron la edición José C. Vázquez y Alí Chumacero." (Me parece, por cierto, muy significativo que las "leyendas" no mencionen la intervención de Arreola. Ésta ocurrió muy en privado; nunca tuvo publicidad.)[62]

Alatorre olvida aquí que Rulfo escribió *Pedro Páramo* como becario del Centro Mexicano de Escritores (lo que Chumacero recordaba en la entrevista de 1986, donde tampoco aludía a papel alguno del Fondo de Cultura Económica en la publicación de los adelantos), y que ahí debía presentar avances de su trabajo. La decisión de entregar a tres revistas fragmentos de su novela sólo podía ser de él, con aprobación del Centro sin duda, pero sin participación del Fondo (que quiso hacer su propio adelanto del final, pero se abstuvo, como se ve en una nota a mano sobre el original). No sabía de *Dintel* ni revisó las diferencias y semejanzas de las dos revistas que decía conocer con la versión de la novela en libro. La "intervención" de Chumacero –no importa que éste la niegue reiteradamente– la extiende Alatorre ahora al lapso que va de junio de 1954 a marzo de 1955, lo que implicaría que el Fondo tenía el texto de Rulfo ¡antes de haberse escrito buena parte del mismo! Desconoce que Rulfo entregó su original a la editorial en septiembre de 1954, y que ese dato era ya público en 1985. Pero, sobre todo, no reflexiona en lo que esto implica para la legendaria participación de Arreola. Al recurrir Alatorre al nombre de Chumacero en cuanto tuvo noticia indirecta del trabajo de Galaviz destituye de hecho a Arreola del mismo papel, lo que percibe parcialmente ya al final –y que pone entre paréntesis– sobre la "exclusión" de Arreola de las leyendas a causa, quizá, de la extrema privacidad del escenario en que desempeñó su papel. No sabemos si Alatorre simplemente desconoce

[62] "La *persona* de Juan Rulfo", *Literatura Mexicana*, IX, 2, 1998, p. 385, nota: se corrigen las erratas siguiendo la versión de esta nota en la edición siguiente, X, 1-2, 1999, de la misma revista.

desde cuándo circulaba la leyenda de Arreola, o si invoca una de las condiciones exigidas por cualquier relato que no resiste el análisis: la ausencia de testigos. ¿Apela a la extrema credibilidad de Arreola o ya lo estaba abandonando a su suerte? El cambiante relato de los "coautores" de *Pedro Páramo* acumula demasiados candidatos al papel protagónico. ¿Cuál leyenda de las dos que propone Alatorre en su intento final de explicación debemos elegir, ya que son mutuamente excluyentes? No sólo Chumacero desmintió reiteradamente las versiones sobre su intervención en el texto de Rulfo; el mismo Arreola lo había hecho, como todavía veremos, unos tres años antes de que Alatorre redactase su conferencia. Pero, para concluir con el caso de Chumacero, éste terminaría confirmando de manera inadvertida su no participación en la obra de Rulfo en una entrevista publicada pocos días antes de cumplir los 90 años:

Yo edité también a Juan Rulfo. Revisé los libros en el original, los edité tipográficamente, los corregí de pruebas y se los di hechos. Se publicaron los dos en la colección Letras Mexicanas. Le hice observaciones en la puntuación, como la hice con Reyes y con el propio Paz... pues si me pagaban por eso. Si digo que le corregí la puntuación a alguien todo el mundo se espanta. ¡Por favor!, un corrector de pruebas sabe muchas veces más que un miembro de la Academia. ¿Qué tiene de raro que le haya puesto o quitado una coma? Un investigador canadiense vio mis marcas tipográficas en los originales y el imbécil dijo en su tesis que yo le había reescrito la obra a Rulfo. De ahí viene esta leyenda. Yo no le hice nada a nadie. En *Pedro Páramo*, y lo voy a decir ahora, nunca lo había dicho, me metí con dos palabras: una frase decía, más o menos, "fulano de tal la corrió de su casa", la otra decía "la muchacha era virgen"; al corregir pruebas, taché "virgen" y la cambié por "nueva" y quité "la corrió" para poner "la echó" Juan se llevó las pruebas y cuando volvió no dijo nada al respecto de la palabra "nueva", pero sobre "la echó" no estuvo de acuerdo y me dijo "Ay estos gachupines, ¿ya viste que yo puse 'la corrió'?; pues ellos le pusieron 'la echó". Yo nunca le dije que había sido yo. [63]

La confidencia periodística de Chumacero, sin embargo, tiene un problema: no hay en parte alguna de *Pedro Páramo* nadie que "corra" a alguien de su casa. Tampoco se usa la palabra "nueva" como sinónimo de "virgen". Así que podemos preguntarnos si Chumacero se referiría a otra cosa. Quizá: en el cuento "Anacleto Morones" dice Lucas Lucatero a una de las beatas:

Poco después repite: "La corrí" Igualmente, otra de las beatas le confía que ya no es virgen:

—Ya no tengo mujer.
—¿Luego la tuya? ¿La hija del Niño Anacleto?
—Ya se me fue. La corrí.

—Sí, él me aconsejó que lo hiciera, para que se me quitara lo hepático. Y me junté con alguien. Eso de tener cincuenta años y ser nueva es un pecado.

[63] "Los 90 de Alí Chumacero", entrevista de Antonio Bravo a Alí Chumacero, *Laberinto*, 264, 5 de julio de 2008, p. 7.

En el mecanuscrito de Rulfo aparece "virgen" en lugar de "nueva", sin señal del cambio, que se habría hecho, si creemos la historia, sobre las pruebas. Podría pensarse que Chumacero hizo cambios en el libro de cuentos, sólo que no figura como responsable de la edición en el colofón. Quizá supo de algunas modificaciones hechas por Rulfo mismo y creó su anécdota para complacer a quienes deseaban oír una "revelación" de ese tipo. En otro cuento, "Es que somos muy pobres", existe también una referencia a mujeres corridas de su casa:

Entonces mi papá las corrió a las dos. Primero les aguantó todo lo que pudo; pero más tarde ya no pudo aguantarlas más y les dio carrera para la calle.

Rulfo, en efecto, preferiría el verbo "correr" en estas situaciones, lo que no demuestra nada más. Se vuelve a "correr" a alguien de su casa en "Paso del Norte":

Y me voy entristecido, padre, aunque usté no lo quiera creer, porque yo quiero a mis muchachos, no como usté que nomás los crió y los corrió.

En este mismo cuento el hijo pide a su padre que cuide a su mujer:

—Yo fui su primer marido. Era nueva. Es buena. Quiérala, padre.

En el mecanuscrito aparece igualmente la palabra "virgen" en lugar de "nueva". ¿También Chumacero hizo el cambio? ¿O supo que fue hecho por Rulfo e hizo su confidencia cuando éste ya no podía desmentirlo? Asegura Chumacero que Rulfo no advirtió el cambio por "nueva", pero es difícil aceptarlo: en *Pedro Páramo* Rulfo escribió "En el hidrante" al inicio del fragmento 12. Tiempo después José Luis Martínez, como director del Fondo de Cultura Económica, decidió cambiarlo por "En la destiladera…". Rulfo lo advirtió, desde luego, y en 1980 recuperó lo que él había escrito originalmente.[64] ¿Merece menos credibilidad el propio Rulfo cuando dice a Marco Antonio Campos que Chumacero: "No modificó nada"?

ESTERTORES DE LA LEYENDA

La existencia de las tres revistas de 1954 tiene interés para los estudiosos de la literatura de Rulfo (como ocurre con los cuentos publicados en la revista *América*), aunque la comparación entre estas versiones y el libro no arroja cambios de gran importancia si el investigador recuerda que todo trabajo en proceso pasa por estos ensayos y ajustes. Pero lo que resulta peculiar de este caso, y eso me propuse destacar aquí mediante el ejemplo de Antonio Alatorre, es que estas revistas, más la copia al carbón y el original del mecanuscrito, demolieron (salvo para los que insistan en que está sobre los documentos) la leyenda que ya señalaba José Emilio Pacheco en 1977. De hecho, el propio Alatorre no tiene otro remedio que utilizar la palabra "leyenda", con comillas, para referirse, desconcertado, a la incompatibilidad entre ésta y

---

[64] Comunicación personal de Felipe Garrido al autor, en 1998.

los adelantos aparecidos en las revistas. Siendo parte de la naturaleza del problema la dificultad de admitir el valor excepcional de una obra literaria, no será fácil que la leyenda desaparezca.

EL ORIGINAL DE LA NOVELA

Hasta ahora he hablado de las dificultades insalvables que representan las revistas de 1954 para la leyenda de los "colaboradores" de Rulfo en la escritura de *Pedro Páramo*, pero no son menos severas las que representan tanto el original como la copia al carbón del mecanuscrito de Juan Rulfo. Pasaré ahora a estos documentos: Rulfo mecanografió en una sola operación —como se acostumbraba en la época de las máquinas de escribir— tanto el original como una copia al carbón. Cuando el juego de original y copia debía corregirse esto podía ocurrir todavía en el carro de la máquina misma, antes de retirar las hojas: se borraba algo en ambas hojas y se tecleaban de nuevo las letras correctas. Ya fuera de la máquina se podía, como hizo Rulfo, corregir a mano, tachando y reescribiendo arriba de la línea intervenida. Rulfo empleó para esto tinta oscura y las ocasiones no fueron muy numerosas mientras tenía en la mesa tanto el original como la copia al carbón. En unos tres o cuatro casos las correcciones que aparecen en la copia al carbón no están en el original, pero éste tiene, a cambio, un número mucho mayor de correcciones hechas sólo en él, con la misma tinta oscura. La suma de la mayoría de las correcciones de distintos momentos sobre el original mecanográfico está en el texto que Rulfo llevó al editor en el mes de septiembre. Comparado el original con la primera edición se advierten unas pocas correcciones adicionales, que se incorporaron seguramente en las galeras.

Otras correcciones —más bien observaciones—, que no llegan a la media docena, aparecen con lápiz rojo y podrían ser de algún empleado de la editorial: implican el cambio de una letra equivocada o algo parecido. Y están asimismo las marcas del tipógrafo, de diversas clases.

Que Rulfo no haya trasladado unas pocas correcciones a mano de la copia al carbón al original entregado al editor sólo tiene una explicación: que necesitase más tiempo, en estos contados casos, para tomar la decisión definitiva (hay incluso ocasiones en que corrige dos veces una palabra para regresar a la versión inicial). Y es este tiempo adicional el que le permitió hacer los cambios restantes, notablemente más numerosos, que sólo están en el original. La necesidad de presentar un texto al Centro Mexicano de Escritores al finalizar el año lectivo le habría obligado a producir la copia, corregida en poco tiempo y con alcances más limitados (la gran mayoría de las páginas no tiene modificación alguna), que entregará todavía con el título de "LOS MURMULLOS" (escrito en hoja aparte con la misma máquina usada para el mecanuscrito completo de la novela; el Centro agregó a ésta una nueva portada, con máquina diferente), consciente de que esta copia no sería llevada a la imprenta. En las semanas siguientes Rulfo procedió a efectuar en el original las correcciones del segundo momento: casi la totalidad de las páginas muestra ahora supresiones, reemplazos o agregados. Al entregar Rulfo al Fondo de Cultura Económica su original posiblemente llevaba la misma portada (no conservada) que muestra la copia, con el nombre "LOS MURMULLOS" bajo el del escritor y la palabra "Novela" abajo, entre paréntesis, pero a finales de 1954 se sabía que esta designación era provisional: hay un valioso testimonio al respecto, de Alfonso Reyes. El también crítico tituló su columna "Las Burlas Veras" en la *Revista de Revistas* del 12 de diciembre de

1954 como "Nuevos rumbos de nuestra novela". Se ocupaba ahí de las nuevas tendencias de la novela mexicana con gran perspicacia, concluyendo con el análisis de los casos de Arreola y Rulfo, que era costumbre equiparar en la época (lo que podría explicar, en cierta medida, la actitud de Arreola frente a la leyenda, al constatar con los años que la recepción de la obra de ambos adquiría proporciones muy diferentes). Juan Rulfo guardó la nota entre sus papeles:

[...] todos, por suerte, tienen ya noticia de los dos más nuevos valores con que cuenta nuestra novelística: Juan José Arreola y Juan Rulfo. En la fantasía de aquél hay mucho sentido mexicano; en el realismo mexicano de éste hay mucha fantasía. Sus obras: Arreola: *Varia invención*, 1951; *Confabulario*, 1953; *La fiesta*, novela en preparación. Rulfo: *Talpa*, contratada para el cine por "el Indio" Emilio Fernández; *El llano en llamas*, 1953; *Los murmullos*, en preparación, título provisional. Influencias (conscientes o inconscientes): veintitantos siglos de literatura.[65]

El original de Rulfo estaba ya en el Fondo de Cultura Económica en diciembre y trascenderían noticias sobre la novela al mundo literario de la capital, en el que ocupaba Reyes un lugar prominente. A estas novedades se debería que pudiera hablar de la obra como algo "en preparación". Rulfo habría decidido abandonar el nombre "Los murmullos" en ese momento, pero aún no tomaría una determinación sobre el nuevo título, cuya historia, recapitulando, es la siguiente: "Una estrella junto a la luna" en dos cartas a Clara Aparicio de 1947; "Una "Los desiertos de la tierra" en su informe a Margaret Shedd del 1 de noviembre de 1953; "Una estrella junto a la luna" en *Las Letras Patrias*; "Los murmullos" en las revistas *Universidad de México y Dintel*, *Pedro Páramo*, tanto sobre una nueva portada mecanográfica para el original propios de 1955, *Pedro Páramo*, tanto sobre una nueva portada mecanográfica para el original —reemplazando la previa— como, en marzo, en el libro mismo. El título definitivo podría reflejar lo que ya estaba en el informe del 1 de noviembre de 1953, cuando comunica que ha cambiado "el [nombre] del personaje principal al de Pedro Páramo". La hoja a máquina incluye los nombres del autor, de la novela (PEDRO PÁRAMO) y de la colección del Fondo de Cultura Económica (Letras Mexicanas) en que aparecería, así como su número dentro de ella (19).

Conviene insistir en algo, aunque parezca obvio y redundante: mecanográficamente hablando —es decir, antes de las correcciones a mano del primero y segundo momentos–, el original que llegó al editor y la copia al carbón del Centro son idénticos. Ambos mecanuscritos tienen desde luego el mismo número de páginas: 127, numeradas en la parte superior izquierda por Rulfo luego de introducir las hojas y antes de iniciar la escritura. Pero esta numeración se interrumpe —seguimos hablando del original y su copia al carbón— después de la 111, recuperándose en la 119. Las siete páginas que llevaron en un primer momento los números 112 a 118 escritos a máquina fueron reemplazadas por Rulfo, y en las siete "nuevas" (original mecanográfico y copia al carbón) los números de las páginas aparecen a máquina, excepto en la primera, que no lo tiene, del 2 al 7. Estos números escritos a máquina no son los únicos:

[65] Alfonso Reyes, "Las Burlas Veras: Nuevos rumbos de nuestra novela", 2335, *Revista de Revistas*, 12 de diciembre de 1954, p. 6.

en un segundo momento se pusieron a mano los que van del 112 al 118, tanto en el original como en la copia al carbón. Adicionalmente, en el original entregado al Fondo se numeraron, en un tercer tiempo, de manera redundante, estas siete páginas —y sólo éstas— con un foliador, repitiendo los números 112 a 118. Algo similar ocurre con el original de *El Llano en llamas*, ya que las páginas de los cuentos tienen numeraciones independientes, lo que obligó, para evitar errores, a imponerles una numeración corrida, también con un foliador. Importa mencionar que en la página 118 del original (y la copia al carbón) de *Pedro Páramo* el texto ocupa sólo el tercio superior de la misma, con el resto en blanco. En el original entregado al editor (no en la copia) una flecha trazada a mano cruza el espacio en blanco e indica que se debe ir, después de la última línea, a la página 119. En la página 82, aquí reproducida, aparece (abajo) una flecha semejante.

Es válido suponer que Rulfo realizó en las primeras páginas numeradas del 112 al 118 correcciones mayores —incluida la supresión de dos terceras partes de una página—, con lo que esas hojas habrían resultado confusas por las tachaduras y reescrituras a mano, hasta el punto de hacer necesario o preferible mecanografiarlas de nuevo. La copia al carbón de estas "nuevas" siete páginas no tiene ya correcciones y el original entregado al editor sólo muestra unas pocas. Las partes del texto involucradas en esta reescritura son las que van del inicio del fragmento que comienza con: "—¿Ve usted aquella ventana, doña Fausta...?" hasta el final del que concluye con: "—Haz lo que quieras."; es decir, la larga secuencia de la muerte de Susana San Juan y el breve fragmento del regreso del *Tilcuate*. Esta corrección, la única que podríamos llamar mayor tanto en el original como en la copia al carbón de *Pedro Páramo*, revela desde un ángulo adicional la extravagante naturaleza de la leyenda de Arreola, con esas hojas sueltas de la novela que se eliminan o pasan de un lugar a otro y unas horas después llegan a la imprenta (dejando, por cierto, la copia al carbón entregada *antes* al Centro Mexicano de Escritores como un problema irresoluble).

Hay algo más digno de mención en el conjunto de original y copia al carbón de *Pedro Páramo*: en estas cuartillas los fragmentos de la novela terminan a veces, por mero azar (como en cualquier edición impresa), al final de una página, pero lo hacen casi siempre en una parte indistinta de la misma. En estas ocasiones Rulfo deja un poco más de espacio entre los párrafos pertenecientes a distintos fragmentos, como ocurre también en las ediciones impresas. Pero tampoco este dato —ninguno, de hecho— tendría por qué preocupar a los repetidores de la leyenda que puedan, todavía, aparecer en el futuro.

LA PREGUNTA DE RUFFINELLI

He dejado para el final la narración de lo ocurrido en una comida que tuvo lugar en 1993 (apenas aparecida la primera edición, en 1992, de "La leyenda de Rulfo" de Ruffinelli). El Instituto Nacional de Bellas Artes organizó un homenaje a Juan Rulfo con cuatro mesas redondas en la Sala Manuel M. Ponce, los días 22, 23 y 30 de mayo y 6 de junio. Entre los ponentes de la última fecha se encontraban Carlos Fuentes, Salvador Elizondo, Juan José Arreola y Jorge Ruffinelli. Al finalizar el acto nos acercamos a ellos Silvia Lemus —esposa de Fuentes—, Claudia, hija de Arreola, Luz Fernández de Alba y el que esto escribe. Era domingo, y alguien propuso ir a comer a la Zona Rosa. Nos fuimos allá, instalándonos en un restaurante de la calle de Hamburgo poco concurrido a esas horas. La conversación giró en buena parte sobre Juan Rulfo. Arreola hizo uso de la palabra al principio, con anécdotas de sus años juveniles. Elizondo habló poco. Carlos Fuentes dijo, sobre Juan Rulfo, que no le cabía duda de que si un libro estaba publicado en español Rulfo lo había leído. Yo hablé sobre el Rulfo que había conocido en la época en que proyecté y construí su casa de campo y sobre las últimas veces que lo vi, ya enfermo. Silvia Lemus, Luz Fernández de Alba y Claudia Arreola también participaron en la conversación, desde luego, así como Ruffinelli. A la hora del café, con las dos mesas juntas en que nos encontrábamos ya despejadas, Ruffinelli, quien en su reciente texto de 1992 se había referido a la leyenda, como vimos, sin mencionar directamente a Arreola, aprovechó la ocasión y se dirigió a él con unas palabras muy similares a éstas: "Juan José, yo quiero preguntarle una cosa. ¿Qué hay de lo que se dice de una intervención suya, al lado de Rulfo, cuando él estaba terminando *Pedro Páramo*, de donde habría resultado la estructura de la novela? Tengo mucho interés en un testimonio suyo sobre esta cuestión."

El restaurante estaba casi vacío y en silencio (la calle, tras la ventana, también). Las miradas de todos se dirigieron a Arreola. Yo me encontraba sentado exactamente frente a él y pude ver cómo volvía la vista hacia el mantel, donde tenía las dos manos extendidas hacia abajo. Mientras las movía suavemente, como tratando de alisar la tela, quitándole hasta la última arruga, dijo, sin un énfasis particular, con voz normal, grave, perfectamente audible: "No. Yo no tuve nada que ver en eso. Nada absolutamente. Nada que ver". No levantó nunca, mientras hablaba, los ojos de la mesa. No estaba ante interlocutores como los que habían escuchado anteriormente su relato. Repetirlo en ese lugar sería otra cosa.

Era evidente que Arreola no se quería extender más sobre el asunto. Ruffinelli se dio por satisfecho con esa respuesta y sólo hizo algún comentario como "gracias, es todo lo que quería saber". No había más que decir, en realidad, y a los pocos minutos nos levantamos de la mesa, nos despedimos y salimos a la calle.

Casi ocho años después, el 16 de mayo de 2001 (84 aniversario del nacimiento de Juan Rulfo), con motivo de la devolución de los mecanuscritos originales de *El Llano en llamas* y *Pedro Páramo* a la señora Clara Rulfo, se hizo una presentación de los mismos en el Instituto de Investigaciones Filológicas de la UNAM. Era la primera vez que se mostraban en público. Un reportero de *La Jornada*, César Güemes, acudió a ese acto e hizo un reportaje sobre el mismo, que incluía una entrevista a quien esto escribe. Era evidente que el mecanuscrito de *Pedro Páramo* permitía despachar sin más cualquier versión de la leyenda de los "colaboradores", y se lo comenté. También le hablé de la comida de junio de 1993 y lo que Arreola respondió a Ruffinelli. La nota correspondiente apareció en ese diario el viernes 18 de mayo de 2001.[66] Ocupa la contraportada de esa edición –es decir, un lugar muy visible–, con ilustraciones. No hubo ninguna reacción a lo ahí publicado ya fuese por parte de Arreola o de Alatorre. El momento de los dichos había pasado.

[66] César Güemes, "Los dos finales de Pedro Páramo", *La Jornada*, 18 de mayo de 2001, p. 48.

Remington Rand
S. A. de C. V.

AV. INSURGENTES No. 30   MEXICO, D. F.
TEL. 35-15-84   APARTADO POSTAL, No. 1421

A 110948

A.—110948
NOV. 10 DE 1953
N.O.98071

SR. JUAN RULFO
MEXICO, D.F.

G. GASTELUM   C O N T A D O   A N   **Debe**

1.—MAQ. DE ESC. REMINGTON MODELO 17 K.M.C. J—1385142 $1000.00
                                                                $
                                                                $1000.00*

UN MIL PESOS 00/100 S.E.U.O.

De acuerdo con el Art. 7o. Transitorio de la Ley
Federal del Impuesto sobre Ingresos Mercantiles, este
documento no causa el Impuesto del Timbre.- Cédula
de Empadronamiento Núm. 06360

Factura de la máquina de escribir Remington de Juan Rulfo, con la que escribió *Pedro Páramo*. La fecha de la adquisición es el 10 de noviembre de 1953, cuando ya era becario del Centro Mexicano de Escritores por segunda ocasión.

Retrato a lápiz de Juan Rulfo por Lucinda Urrusti. Está fechado el 10 de noviembre de 1953, misma fecha que aparece en la factura de la máquina Remington que adquirió para escribir *Pedro Páramo*.

ÍNDICE

© Obra
Juan Rulfo

© Textos
Jorge Zepeda, Alberto Vital, Víctor Jiménez

Dirección creativa
Fundación Juan Rulfo, Ramón Reverté

Coordinación editorial
Mara Garbuno

Cuidado de edición
Fundación Juan Rulfo

Diseño
Galera } José Luis Lugo, Andrea Jiménez (asistente)

Escaneo y preprensa
Agustín Estrada, Araceli Limón

Primera edición: 2014

D. R. © 2014

Universidad Nacional Autónoma de México
Ciudad Universitaria, Delegación Coyoacán, C.P. 04510, México, Distrito Federal
Dirección General de Publicaciones y Fomento Editorial
Instituto de Investigaciones Filológicas
Centro Cultural Universitario Tlatelolco

Juan Rulfo, herederos de Juan Rulfo
Fundación Juan Rulfo, A.C.

Editorial RM, S.A. de C.V.
Río Pánuco 141. Col. Cuauhtémoc, 06500, México, D.F.

RM Verlag, S.L.
C/Loreto 13-15 Local B, 08029, Barcelona, España

www.editorialrm.com

ISBN: 978-607-8295-18-0 Editorial RM
ISBN: 978-84-92480-89-0 RM Verlag

#207

Septiembre, 2014
Tiro: 4,000 ejemplares

Impreso en México por Artes Gráficas Panorama, S.A. de C.V.
Calle Avena 629, colonia Granjas México, 08400, México, D.F.

Máquina de escribir Remington adquirida por Juan Rulfo el
10 de noviembre de 1953, con la que escribió *Pedro Páramo.*

Pedro Páramo en 1954 se terminó de imprimir en septiembre de 2014 en Artes Gráficas Panorama, ciudad de México. En su formación se utilizaron las fuentes Dolphian y Warnock Pro, esta última diseñada por Robert Slimbach. Se tiraron 4 mil ejemplares. MÉXICO, MMXIV.